U0684148

基于互联网时代下
企业人力资源
管理模式创新研究

党学兵 李洁施 蒋冬荣 ◎著

中国出版集团

中译出版社

图书在版编目（CIP）数据

基于互联网时代下企业人力资源管理模式创新研究 /
党学兵，李洁施，蒋冬荣著. -- 北京：中译出版社，
2024. 2

ISBN 978-7-5001-7751-7

Ⅰ. ①基… Ⅱ. ①党… ②李… ③蒋… Ⅲ. ①企业管
理—人力资源管理 Ⅳ. ①F272.92

中国国家版本馆CIP数据核字（2024）第048320号

基于互联网时代下企业人力资源管理模式创新研究

JIYU HULIANWANG SHIDAI XIA QIYE RENLI ZIYUAN GUANLI MOSHI CHUANGXIN YANJIU

著　　者：党学兵　李洁施　蒋冬荣
策划编辑：于　宇
责任编辑：于　宇
文字编辑：田玉肖
营销编辑：马　萱　钟筏童
出版发行：中译出版社
地　　址：北京市西城区新街口外大街 28 号 102 号楼 4 层
电　　话：（010）68002494（编辑部）
邮　　编：100088
电子邮箱：book@ctph.com.cn
网　　址：http://www.ctph.com.cn

印　　刷：北京四海锦诚印刷技术有限公司
经　　销：新华书店
规　　格：787 mm×1092 mm　1/16
印　　张：11.5
字　　数：229 千字
版　　次：2024 年 2 月第 1 版
印　　次：2024 年 2 月第 1 次印刷

ISBN 978-7-5001-7751-7　　　定价：68.00 元

前　言

　　人力资源管理主要是企业围绕员工所展开系列管理工作的统称，如绩效管理、员工培训、员工招募、制定人力资源战略等，其目的是协助企业合理利用人力资源并实现发展目标。通过人力资源管理，企业可创造理想的营运环境，立足内部净化风气，建立适应性强、反应迅速的组织管理体系，调动工作者的积极性，使之可在岗位上敬业奉献并完成工作任务，继而助力企业获利。然而，在互联网时代，企业的人力资源管理存在理念僵化、体系性欠佳、方法单一等阻力，并不能增强互联网与人力资源管理的融合性。基于此，为在新时代企业竞争发展中强化人力资源管理优势，研究互联网时代下企业人力资源管理方略显得尤为重要。

　　互联网飞速发展并持续融入企业综合管理领域，它正悄无声息地改变着企业管理习惯、思维、方法，如何挖掘互联网在企业中的管理潜能，成为企业须在新时代直面的挑战之一。人力资源管理是企业管理的重要组成部分，互联网的融入可提升人力资源管理水平，为管理人员利用 IT 技术制订人力资源调配方案赋能，"互联网+人力资源管理"价值随之凸显。本书通过研究互联网时代下的企业人力资源管理新模式，以期为提升企业综合管理水平提供参考。

　　本书从人力资源管理基础介绍入手，针对人力资源组织结构进行了分析研究；另外对人力资源的绩效管理、薪酬管理、企业人力资源管理发展策略做了一定的介绍；还对基于互联网时代下企业人力资源管理变革、基于互联网时代下企业人力资源管理与模式创新做了研究。本书力求论述严谨，结构合理，条理清晰，内容丰富新颖，具有前瞻性，可以作为从事企业人力资源管理相关行业工作者的参考资料，希望不仅能为企业人力资源管理提供翔实的理论知识，同时能为企业人力资源管理创新相关理论的深入研究提供借鉴。

　　在本书的写作过程中，作者借鉴了大量相关文献，在此感谢相关资料文献的作者，他们的观点和研究成果支持了本书的写作，并丰富了本书的内容。由于人力资源的创新发展涉及的范围比较广，需要探索的内容比较深，加之编写时间仓促，书中难免存在不足和疏漏之处，恳请前辈、同行以及广大读者斧正。

作　者

2023 年 12 月

目　录

第一章 人力资源管理概述

第一节　人力资源管理的概念

一、人力资源的概念与特征

资源泛指社会财富的源泉，是能给人带来新的使用价值和价值的客观存在物，在管理中，"人、财、物"中的"人"即人力资源。现代管理科学普遍认为，经营好企业需要四大资源：人力资源、经济资源、物质资源、信息资源。而在这四大资源中，人力资源是最重要的资源。它是生产活动中最活跃的因素，被经济学家称为第一资源。

（一）人力资源的概念

人力资源的概念起源于20世纪60年代。人力资源是与自然资源或物质资源相对的概念，是指一定范围内人口总体所具有的劳动能力的总和，是指一定范围内具有为社会创造物质和精神财富、从事体力劳动和智力劳动的人们的总称。

对这一概念进行进一步解释如下：

1. 人力资源是以人为载体的资源，是指具有智力劳动能力或体力劳动能力的人们的总和。

2. 人力资源是指一个国家或地区有劳动能力的人口总和。

3. 人力资源与其他资源一样也具有物质性、可用性、有限性、归属性。

4. 人力资源既包括拥有成员数量的多少，也包括拥有成员的质量高低。它是存在于人体中以体能、知识、技能、能力、个性行为等特征为具体表现的经济资源。

（二）人力资源的特征

1. 开发对象的能动性

人力资源在经济活动中是居于主导地位的能动性资源，这与自然资源在开发过程中的被动地位截然相反。劳动者总是有目的、有计划地运用自己的劳动能力，能主动调节与外部的关系，具有目的性、主观能动性和社会意识性。劳动者按照在劳动过程开始之前已确定的目的，积极、主动、创造性地进行活动。能动性也是人力资源创造性的体现。

2. 生产过程的时代性

人是构成人类社会活动的基本前提。不同的时代对人才需求的特点不同，在其形成的过程中会受到外界环境的影响，从而造就不同时代特点的人力资源。例如，战争时代需要大量的军事人才，而和平年代需要各种类型的经济建设和社会发展方面的人才。

3. 使用过程的时效性

人力资源的形成、开发、使用都具有时间方面的制约性。作为人力资源，人能够从事劳动的自然时间又被限定在其生命周期的中间一段，不同的年龄阶段，劳动能力各不相同。无论哪类人，都有其最佳年龄阶段和才能发挥的最佳期。所以，开发和利用人力资源要讲究及时性，以免造成浪费。

4. 开发过程的持续性

物质资源一次开发形成最终产品后，一般不需要持续开发；人力资源则不同，需要多次开发，多次使用。知识经济时代，科技发展日新月异，知识更新速度非常快，人力资源一次获取的知识能量不能够维持整个使用过程，需要不断地积累经验，通过不断学习，更新自己的知识，提高技能，增强自我能力。这就要求人力资源的开发与管理注重终身教育，加强后期培训与开发，不断提高其知识水平。因此，人力资源开发必须持续进行。

5. 闲置过程的消耗性

人力资源具有两重性：它既是价值的创造者，又是资源的消耗者。人力资源需要维持生命必不可少的消耗，同时具有使用过程的时效性。资源闲置，无论是对组织还是对个体都是一种浪费。

6. 组织过程的社会性

人力资源活动是在特定社会组织中的群体活动。在现代社会中，在高度社会化大生产的条件下，个体要通过一定的群体来发挥作用，合理的群体组织结构有助于个体的成长及高效地发挥作用，不合理的群体组织结构则会对个体构成压力。人力资源的形成、使用与开发受到社会因素的影响，包括历史、文化、教育等多方面。这就给人力资源管理提出了要求：既要注重人与人、人与团体、人与社会的关系协调，又要注重组织中团队建设的重要性。

二、人力资源管理的定义与特点

(一)人力资源管理的定义

人力资源管理是对人力资源的获取、使用、保持、开发、评价与激励等方面进行的全过程管理活动,通过协调人与事的关系,处理人与人的矛盾,充分发挥人的潜能,使人尽其才、物尽其用、人事相宜,从而达到人力资源价值的充分发挥,以实现组织的目标和个人的需要。对于概念可进一步做如下理解:

1. 人力资源管理包括对人力资源进行量的管理和质的管理两个方面。一方面,通过获取与整合,满足组织对人员数量的要求;另一方面,通过对人的思想、心理和行为进行有效管理,充分发挥人的主观能动性,以达到组织目标。

2. 人力资源管理要做到人事相宜。即根据人力和物力及其变化,对人力资源进行招聘、培训、组织和协调,使两者经常保持最佳比例和有机结合,使人和物都发挥出最佳效益。

3. 人力资源管理的基本职能包括获取、整合、激励、调控和开发,通过这一过程完成求才、用才、育才、激才、护才、留才的整个管理过程,这也是人力资源管理的六大基本任务。

(二)人力资源管理的特点

人力资源管理是一门科学,它具有以下特点。

1. 人力资源管理是一门综合性的科学

人力资源管理的主要目的是指导管理实践活动。而当代人力资源管理活动影响因素较多,内容复杂,仅掌握一门知识是不够的。它综合了经济学、社会学、人类学、心理学、统计学、管理学等多个学科,涉及经济、政治、文化、组织、心理、生理、民族、地缘等多种因素。只有综合性的人力资源管理措施才能实现一个企业或组织健康、持久的发展。

2. 人力资源管理是一门实践性很强的科学

人力资源管理是通过对众多的管理实践活动进行深入的分析、探讨、总结,并在此基础之上形成理论的科学,而产生的理论直接为管理实践活动提供指导,并且接受实践的检验。

3. 人力资源管理是具有社会性的科学

人力资源管理是一门具有社会性的科学,其内容和特点受社会文化、历史、制度、民族等社会因素的影响。所以，对人力资源进行管理，必须考虑到人力资源所处的社会环境。不同社会环境中的人力资源管理活动有不同的规律，形成的管理理论也有其自身的特殊性。

4. 人力资源管理是具有发展性的科学

人力资源管理处于不断发展完善的过程中，有些内容还要进行修改，还需要一个不断深入的认识过程，使之能够更有效地指导实践。人力资源管理的发展到目前为止经历了手工业制造、科学管理理论、人际关系运动、行为科学和学习型组织五个阶段。

三、人力资源管理的基本职能

人力资源管理的基本职能有以下几方面：

（一）获取

人力资源管理根据组织目标确定所需的人员条件，通过规划、招聘、考试、测评、选拔，获取组织所需的人力资源。获取是人力资源管理工作的第一步，是后面四种职能得以实现的基础。获取主要包括人力资源规划、职务分析、员工招聘和录用。

（二）整合

整合是使被招收的员工了解企业的宗旨和价值观，使之内化为他们自己的价值观。通过企业文化、信息沟通、人际关系和谐、矛盾冲突的化解等有效整合，使企业内部的个体目标、行为、态度趋向企业的要求和理念，使之形成高度的合作和协调，发挥集体优势，提高企业的生产力和效益。

（三）激励

激励是指给予为组织做出贡献的员工奖酬的过程，是人力资源管理的核心。根据对员工工作绩效进行考评的结果，公平地向员工提供与他们各自的贡献相称的合理的工资、奖励和福利。设置这项基本职能的根本目的在于增强员工的满意感，提高其劳动积极性和劳动生产率，进而提高组织的绩效。

（四）调控

这是对员工实施合理、公平的动态管理的过程，是人力资源管理的控制与调整职能。它包括下列两点：

1. 科学、合理的员工绩效考评与素质评估。

2. 以考绩与评估结果为依据，对员工采用动态管理，如晋升、调动、奖惩、离退、解雇等。

（五）开发

这是人力资源开发与管理的重要职能。人力资源开发是指对组织内员工素质与技能的培养与提高，是提高员工能力的重要手段。它包括组织和个人开发计划的制订、新员工的工作引导和业务培训、员工职业生涯的设计、继续教育、员工的有效使用及工作丰富化等。

四、人力资源管理的目标与意义

（一）人力资源管理的目标

人力资源管理目标是指企业人力资源管理需要完成的职责和需要达到的绩效。人力资源管理既要考虑组织目标的实现，又要考虑员工个人的发展，强调在实现组织目标的同时实现个人的全面发展。

1. 改善工作生活质量，满足员工需要

工作生活质量可以被描述为一系列的组织条件和员工工作后产生的安全感、满意度及自我成就感的综合，它描述了工作的客观态度和员工的主观需求。良好的工作生活质量能使工作中的员工产生生理和心理健康的感觉，从而有效地提高工作效率。

2. 提高劳动生产率，获得理想的经济效益

劳动生产率、工作生活质量和企业经济效益三者之间存在密切的联系。从人力资源管理的角度讲，提高劳动生产率是要让人们更加高效而不是更加辛苦地工作。人力资源管理能够有效地提高和改善员工的生活质量，为员工提供一个良好的工作环境，以此降低员工流动率。通过培训等方法，实现人力资源的精干和高效，提高潜在的劳动生产率，从而获得理想的经济效益。

3. 培养全面发展的人才，获取竞争优势

随着经济全球化和知识经济时代的到来，人力资源日益成为企业竞争优势的基础，大家都把培养高素质的、全面发展的人才当作首要任务。通过对人力资源的教育与培训、文化塑造，可以有效地提高人力资源核心能力的价值，获取竞争优势。

（二）人力资源管理的意义

随着知识经济时代的到来，人在组织发展和提高竞争力方面的作用也越来越重要，因而人力资源管理的意义就凸显出来，具体表现如下：

1. 有利于促进生产经营的顺利进行

企业拥有三大资源，即人力资源、物质资源和财力资源，而物质资源和财力资源的利用是通过与人力资源的结合实现的，即人力资源是企业劳动生产力的重要组成部分。只有通过合理组织劳动力，不断协调劳动对象之间的关系，才能充分利用现有的生产资料和劳动力资源，使它们在生产经营过程中最大限度地发挥作用，形成最优的配置，保证生产经营活动顺利地进行。

2. 有利于调动企业员工的积极性，提高劳动生产率

企业必须善于处理好物质奖励、行为激励及思想教育工作三个方面的关系，使企业员工始终保持旺盛的工作热情，充分发挥自己的专长，努力学习技术和钻研业务，不断改进工作，从而达到提高劳动生产率的目的。

3. 有利于减少劳动耗费

经济效益是指经济活动中的成本与收益的比较。减少劳动耗费的过程，就是提高经济效益的过程。所以，合理组织劳动力，科学配置人力资源，可以促使企业以最小的劳动消耗取得最大的经济成果。

4. 有利于企业实现科学管理

科学而规范的企业管理制度是现代企业良性运转的重要保证，而人力资源的管理又是企业管理中最为关键的部分。如果一个企业缺乏优秀的管理者和优秀的员工，企业即使拥有再先进的设备和技术，也无法发挥效果。因此，通过有效的人力资源管理，加强对企业人力资源的开发和利用，做好员工的培训教育工作，是企业实现科学管理和现代管理的重要环节。

5. 有利于建立和加强企业文化建设

企业文化是企业发展的凝聚剂和催化剂，对员工具有导向、凝聚和激励作用。优秀的企业文化可以增进企业员工的团结和友爱，减少教育和培训经费，降低管理成本和运营风险，并最终使企业获得巨额利润。

五、现代人力资源管理与传统人事管理的区别

现代人力资源管理是由传统的人事管理发展进化而来的，但前者较后者的范围更广、

内容更多、层次更高。现代人力资源管理与传统人事管理的具体区别如下：

（一）产生的时代背景不同

人事管理起源于 20 世纪 20 年代，是随着社会工业化的出现与发展应运而生的。而人力资源管理是在社会工业化迅猛发展，科学技术高度发达，人文精神日益高涨，竞争与合作不断加强，特别是社会经济有了质的飞跃的历史条件下产生和发展起来的。

（二）对人的认识不同

传统人事管理将人视为等同于物质资源的成本，将人的劳动看作一种在组织生产过程中的消耗，把人当作一种工具，注重的是投入使用和控制。即人事管理主要关注如何降低人力成本，正确地选拔人，提高人员的使用效率和生产效率，避免人力成本的增加。

而人力资源管理把人视为组织的第一资源，将人看作"资本"。这种资本通过有效的管理和开发可以创造更高的价值，它能够为组织带来长期的利益。因此，现代人力资源管理更注重对人力的保护和开发。

（三）基本职能不同

传统人事管理基本上属于行政事务性的工作，其职能是具体的、技术性的事务管理职能，活动范围有限，短期导向，主要由人事部门职工执行，很少涉及企业高层战略决策。而人力资源管理的职能具有较强的系统性、战略性和时间的长远性。为实现组织的目标，建立一个人力资源规划、开发、利用与管理的系统，可以提高组织的竞争能力。因而，现代人力资源管理与传统人事管理的最根本区别在于：现代人力资源管理具有主动性、战略性、整体性和未来性，更适合当今全球经济一体化的组织管理模式与发展趋势。

当今经济已步入新经济时代，知识、智力、无形资产无所不在，知识成为经济诸要素中的决定要素，成为最重要的社会力量，决定社会和经济发展的前途和命运。

六、人力资源管理的基本内容体系

人力资源管理是指企业的一系列人力资源政策及相应的管理活动。这些活动主要包括企业人力资源战略的制定，员工的招募与选拔，培训与开发，绩效管理、薪酬管理、员工流动管理、员工关系管理、员工安全与健康管理等。即企业运用现代管理方法，对人力资源的获取（选人）、开发（育人）、保留（留人）和使用（用人）等方面所进行的计划、组织、指挥、控制和协调等一系列活动，最终达到企业发展目标的一种管理行为。人力资源管理基本内容包括以下九个方面：

（一）人力资源战略与规划

把企业人力资源战略转化为中长期目标、计划和政策措施，包括对人力资源现状分析、未来人员供需预测与平衡，确保企业在需要时能获得所需要的人力资源（包括数量和质量两个方面）。

（二）工作分析与设计

对企业各个工作职位的性质、结构、责任、流程，以及胜任该职位工作人员的素质、知识、技能等，在调查分析所获取相关信息的基础上，编写出职务说明书和岗位规范等人事管理文件。工作分析是人力资源各项工作的基础，工作分析的信息被用来规划和协调几乎所有的人力资源活动。

（三）员工招聘与录用

根据人力资源规划和工作分析的要求，为企业招聘、选拔所需要的人力资源并录用、安排到一定岗位上。

（四）员工培训与开发

通过培训提高员工个人、群体和整个企业的知识、能力、工作态度和工作绩效，进一步开发员工的智力潜能，以增强人力资源的贡献率，改进组织的绩效。

（五）绩效管理

对员工在一定时间内对企业的贡献和工作中取得的绩效进行考核和评价，及时做出反馈，以便提高和改善员工的工作绩效，并为员工培训、晋升、提薪等决策提供依据。

（六）薪酬管理

包括对基本薪酬、绩效薪酬、奖金、津贴及福利等薪酬结构的设计与管理，以激励员工更加努力地为企业工作。

（七）劳动关系管理

协调和改善企业与员工之间的劳动关系，进行企业文化建设，营造和谐的劳动关系和良好的工作氛围，保障企业经营活动的正常开展。

（八）国际人力资源管理

21世纪的企业将面向全球经营与竞争，要获得其竞争优势，企业的人力资源管理工作也必须面对全球化，即在跨国经营环境下，掌握跨国文化下企业的人力资源管理问题，掌握影响国际人力资源的环境因素及国际企业人力资源开发与管理的过程。

（九）人力资源研究

企业要实现战略目标，管理者必须重视对人力资源管理工作的研究，即通过对企业人力资源管理者诸环节的运行、实施的实际状况、制度建设和管理效果进行调查评估，分析和查找企业人力资源管理工作的性质、特点和存在的问题，提出合理化的改革方案，使员工的积极性和创造性被充分调动起来。

七、人力资源管理的发展趋势

人力资源管理是生产力发展到一定阶段的产物，随着生产力的发展和员工素质的提高，人力资源管理的理念和模式不断地被调整，以适应新的管理环境的需求。人力资源管理理论经历了从无到有、由简单到成熟的不断发展和完善的过程。

（一）人力资源管理面临的挑战

在科技和信息高度发达的知识经济时代，面对汹涌而来的新世纪大潮，企业面临前所未有的严峻挑战，人力资源管理只有适应不断发展的新形势，顺应历史潮流，才能在激烈的竞争中立于不败之地。人力资源管理作为获取竞争优势的重要工具，面临前所未有的挑战。

1. 全球化的挑战

随着世界经济一体化的步伐加快，知识经济和信息经济时代的到来，市场环境变化快速，只有那些思维敏捷、竞争力强的企业才能在风云变幻的市场中立于不败之地。而人力资源管理是企业管理的重要组成部分，同样面临来自外部环境的各种挑战。具体表现为生产要素在全球范围内加速流动，国家之间的经济关联性和依存性不断增强。人力资源管理的内容和方法在经济一体化进程中面临不同的政治体制、法律规范和风俗习惯的冲击。

2. 技术进步的挑战

面对激烈竞争的市场，组织必然要不断提高劳动生产率，提高产品质量，改善服务。

而技术的进步可以使企业更有竞争力，同时改变工作的性质。于是，新技术便应运而生。网络技术的发展改变了人们的工作和生活方式，被广泛应用于人力资源管理的各个领域。这些新技术的出现，必然会给人力资源管理带来新的挑战，同时带来生机和活力。组织只有很好地利用这些新技术，才能在竞争激烈的当今社会立于不败之地。

3. 管理模式创新的挑战

传统的人力资源管理模式大体上可以分为以美国为代表的西方模式和以日本为代表的东方模式两大类。西方模式的特点是注重外部劳动力市场，人员流动性大，对抗性的劳资关系，薪资报酬较刚性等；而东方模式注重内部招聘和提拔、员工教育培养、团队参与管理、工资弹性等。在历史上，两种模式都被证明是有效的，但都存在一定的缺陷。知识经济时代，人力资源管理模式将是人本管理模式、团队管理模式、文化管理模式、以知识管理为中心的企业管理模式等几种管理模式的交融与创新，它要求管理要以人为中心，人处于一种主动的地位，要尽可能地开发人的潜力，知识管理和企业文化在人力资源管理中被提到新的高度。组织既要做好适应全球经济竞争加剧的准备，又要真正认识到人才才是企业最重要的战略资源，利用企业文化来感染员工、凝聚员工，塑造新的、更具竞争能力的员工队伍。发挥团队优势，以知识管理为中心，来适应知识经济时代下人力资源管理模式创新的挑战。

4. 组织结构变革的挑战

传统的层级化、组织化结构以直线制为代表的纵向一体化模式，强调命令与控制，员工清楚自己的工作在整个组织中的作用和地位，晋升路线明显，组织中的报告关系清楚，有利于协调员工的工作以实现组织的目标。但是，公司越大就会造成越多的职能层级，过多的层级把不同阶层的雇员分割开来，并造成诸如机构臃肿、效率低下等弊端；明确的层级划分损害了员工的积极性和创造性，决策过程的烦琐阻碍了竞争优势的发挥。

在知识经济时代下，企业的组织结构呈现扁平化、网络化、柔性化。这种组织结构提高了员工的通用性和灵活性。组织根据各自员工的专长组成各种工作小组，以完成特定的任务，而不再是对员工的具体任务有明确规定的传统的金字塔式的结构，这使得主要承担上下之间信息沟通的中间管理层失去了应有的作用而遭到大幅精减，员工的晋升路线也不再局限于垂直晋升，广泛的是水平的晋升。例如，角色互换。这些变化相应地对人力资源管理提出了新的要求。管理者需要从战略高度重视人力资源的开发与管理，以确保员工拥有知识、技能和经验的优势，确保人员配置实现优化组合。组织结构的变革将是今后一段时间企业面临的重要问题

（二）人力资源管理发展的新趋势

随着企业管理的逐渐发展，企业越来越重视"人"的作用，逐渐提高了人力资源是企业最重要的资源这一认识。因此，人力资源管理成为现代企业与发展中一项极为重要的核心技能，人力资源的价值成为企业核心竞争力衡量的关键性标志之一。随着经济全球化的发展，人力资源管理受到了重大的影响和挑战，如信息网络化的力量、知识与创新的力量、顾客的力量、投资者的力量、组织的速度与变革的力量等。21世纪人力资源管理既有工业文明时代的深刻烙印，又反映新经济时代游戏规则的基本要求，从而呈现出新的发展趋势。

1. 人力资源战略地位日益加强

新形势下，人力资源管理要为企业战略目标的实现承担责任。人力资源管理在组织中的战略地位上升，并在组织上得到保证，如很多企业成立人力资源委员会，使高层管理者关注并参与企业人力资源管理活动。人力资源管理不仅是人力资源职能部门的责任，而且是全体管理者的责任。企业高层管理者必须承担对企业的人力资源管理责任，关注人力资源的各种政策。

2. 以人为本，"能本管理"

随着知识经济和信息时代的到来，工业时代基于"经济人"假设的人力资源管理工具越来越不适应管理实践的发展，人力资源管理趋向于以"社会人""复杂人"为假设的人本管理。人本管理要求管理者注重人的因素，树立人高于一切的管理理念，并在其管理实践过程中形成一种崭新的管理思想，就是以人的知识、智力、技能和实践创新能力为核心内容的"能本管理"。"能本管理"是一种以能力为本的管理，是人本管理发展的新阶段。"能本管理"的本质就是尊重人性的特征和规律，开发人力，从而尽可能发挥人的能力，以实现社会、组织和个人的目标。

3. 着眼于激活员工的创造性

创新是企业的生命和活力，更是企业生存和发展的决定因素，知识经济时代的核心特征是涌现大批持续创新的人才。因此，企业人力资源管理的重点就是要激发人的活力、挖掘人的潜力、激活人的创造力，通过引导员工了解企业发展目标，围绕具体项目，赋予他们一定的处置权和决策权，并完善相关的薪酬晋升和约束机制，鼓励员工参与企业管理和创新，给予他们足够的信任，使其感到自己对企业的影响力，从而释放人力资源的创造潜能，为企业发展开辟永不枯竭的动力源泉。

4. 人力资本特性突出

人力资本是指企业员工所拥有的知识、技能、经验和劳动熟练程度等。在当今知识经济时代，知识、技术和信息已成为企业的关键资源，而人是创造知识和应用知识的主体。因此，人力资本成为企业最关键的资源，也是人力资源转变为人才优势的重要条件。现代人力资源管理的目标指向人的发展，就是要为员工创造良好的工作环境，帮助或引导员工成为自我管理的人，在特定的工作岗位上创造性地工作，在达到企业盈利目标的同时，实现员工全面的自我发展。应该注意的是：人力资本不仅是一种资本，也是一种实际的投资行为，因而人力资本的投入是要求有一定的收益相匹配的。

5. 人力资源管理全球化、信息化

随着世界各国经济交往和贸易的发展，全球经济日益成为一个不可分割的整体，这种经济变化趋势已彻底改变了竞争的边界。国际竞争的深化必然推动企业在全球内的资源配置，更包括人力资源的全球配置。管理人力资源的难度、培训的难度、不同文化的冲突、跨文化管理，都将成为企业人力资源管理的重要课题。此外，知识经济也是一种信息经济、网络经济，人力资源将逐步融入信息时代，呈现出鲜明的信息化和网络化特征。

企业要想使自己的人力资源管理顺应时代发展的潮流，就应该牢牢把握住人力资源管理发展的新趋势。与时俱进，不断创新，在符合人力资源管理发展方向的前提下，结合自己企业的特点，制定出切实可行的人力资源管理政策，为企业保驾护航。

第二节　人力资源规划与预测

一、人力资源规划的基础理论

人力资源规划处于整个人力资源管理活动的统筹阶段，为人力资源管理的其他活动制定了目标、原则和方法，其科学性、准确性直接关系人力资源管理工作的成效。因此，制订好人力资源规划是企业人力资源管理部门的一项非常重要和有意义的工作。

（一）人力资源规划概述

1. 人力资源规划的定义

人力资源规划是指组织为了实现战略发展目标，根据组织目前的人力资源状况对组织人力资源的需求和供给状况进行合理的分析和预测，并据此制订出相应的计划和方案，确

保组织在适当的时间能够获得适当的人员，实现组织人力资源的最佳配置，从而满足组织与个人的发展需要。具体而言，人力资源规划包括以下四个方面的含义。

（1）人力资源规划是对组织目标和内外环境可能发生变化的情况进行分析

市场经济条件下市场环境瞬息万变，组织内部和外部环境也会相应地发生变化，不断变化的环境必然会对人力资源的供给状况产生持续的影响。人力资源规划的制订就是要及时把握环境和战略目标对组织的要求，做出科学的分析和预测，识别和应答组织的需要，使组织的人力资源能够适应环境的变化，适应组织未来各阶段的发展动态，保证组织的人力资源总是处于充足供给的状况，为组织总体目标的实现提供充分的人力资源保障。

（2）人力资源规划的制订以实现组织的战略发展目标为基础

在组织的人力资源管理中，人力资源规划是组织发展战略总规划的核心要件，是组织未来发展的重要基础条件。组织的人力资源规划要根据组织的战略发展目标来制订，在组织对未来的发展方向进行决策时能够提供所需的数据和适当的信息，提高获取人力资源的效率及有效性，降低组织管理成本。

（3）人力资源规划的对象是组织内外的人力资源

人力资源规划的对象包括组织内部的人力资源及组织外部的人力资源。例如，对内部现存的人力资源进行培训、调动、升降职，对外部人力资源进行招聘、录用、培训等。随着组织战略目标的调整及组织外部环境的变化，应当及时制订和调整人力资源管理的方案，并有效实施。

（4）人力资源规划要实现组织目标与个人目标共同发展

人力资源规划是组织发展战略和年度规划的重要组成部分，它为组织未来的发展预先获取优秀的人才，储备人力资源，同时为合格的人才匹配最合适的岗位，为实现其个人价值提供机会，保证最大限度地发挥人才的潜能，满足人才职业生涯发展的需求，做到"人尽其才""能岗匹配"，吸引并留住优秀的人才资源，最终达到组织目标与个人目标共同实现。

2. 人力资源规划的目标

组织的人力资源规划是能够为组织人事管理工作提供有效指导的一种人事政策，人力资源规划的实质在于通过对组织人力资源的调整和确定，保证组织战略目标的实现。人力资源规划的目标是保证人力资源状况与组织各阶段的发展动态相适应，尽可能有效地配置组织内部的人力资源，使组织在适当的时候得到适当数量、质量和种类的人力资源。

（1）组织要获取和保持一定数量具备特定技能、知识结构和能力的人员

组织中现有的人力资源在组织中具有不可替代的作用，对这些人员进行规划，使之能

够跟上组织不断创新的步伐是人力资源规划的主要工作内容。而具备特定技能、知识结构和能力的人员在组织中更是起到中流砥柱的作用，因此，人力资源规划工作的目标就是要根据组织的需要及时补充与岗位相匹配的人员，为组织进行人才储备。

（2）预测组织中潜在的过剩人员或人力不足

组织拥有的人员过多，并不必然会使组织收益增加；相反，人员过多会使组织的管理成本过高，从而减少经营利润。但是如果人员过少，又会由于产品数量不足，满足不了市场的需要，从而导致经营收入降低。

人力资源规划要对组织中潜在的人员过剩或不足情况进行合理的分析和预测，避免因人员过剩或短缺而造成损失，这样既可以降低组织用人成本，又会有助于组织提高经营效益。

（3）建设一支训练有素的劳动力队伍，增强组织适应未知环境的能力

社会环境是动态的，国内经济的增长、停滞或收缩，政府对市场经济的宏观调控措施的严厉或放松，会影响行业的发展；行业的发展态势是继续保持现状、出现趋缓，还是竞争更加激烈，会对组织的人力资源供给产生重要的影响，这种影响主要来自市场对组织产品需求状况的变化和劳动力市场对组织人力资源供给状况的变化。人力资源规划要求全面考虑相关领域的各种情形及可能出现的各种变化，培育一支训练有素、动作灵活的人员队伍，提早做好准备，应对未来环境的变化，使组织在变化中立于不败之地。

（4）减少组织在关键技术环节对外招聘的依赖性

一般来说，在组织技术核心工作环节对掌握关键技术的员工依赖性比较大，科学技术的发展要求员工不断地更新知识、创新技术。组织的人力资源管理部门应当不断地对他们进行充分的培训，让员工能够掌握最前沿的信息技术，为组织创造最高的工作绩效，而不必完全依赖对外招聘来获得关键的技术人才。

为实现以上目标，人力资源规划需要关注以下几点：组织需要多少员工；员工应具备怎样的专业技术、知识结构和能力；组织现有的人力资源能否满足已知的需要；是否有必要对原有的员工进一步培训开发；是否需要进行招聘；能否招聘到需要的人员；何时需要新员工；培训或招聘何时开始；企业应该制定怎样的薪酬政策以吸引外部人员和稳定内部员工；当企业人力资源过剩时，有什么好的解决办法；为了减少开支或由于经营状况不佳而必须裁员时，应采取何种应对措施；除了积极性、责任心外，还有哪些可以开发利用的人员因素等。

（二）人力资源规划的作用

人力资源规划是人力资源管理各项具体活动的起点和依据，它直接关系着组织人力资

源管理和整体工作的成败，更关系着组织战略目标的实现，它是整个组织战略的重要组成部分。

1. 人力资源规划是组织适应动态发展需要、提高市场竞争力的重要保证

人力资源规划是组织战略规划的重要组成部分，必须与企业的经营战略保持一致，为企业的整体战略规划服务。由于组织外部环境的不断变化，组织的战略也会进行相应的调整，从而使企业对人力资源的需求发生变化，这种需求的变化必然导致人力资源供需之间的失衡。因此，人力资源规划要求规划主体根据组织的长远发展目标和战略规划的阶段性调整对人力资源进行动态统筹规划，预测人力资源的供求差异，努力平衡人力资源的需求与供给，及早制定出应对变化的调整措施，增强企业对环境的适应能力，使企业更有市场竞争力，及早实现企业的战略目标。

2. 人力资源规划是组织实施管理工作的起点和重要依据

人力资源规划对组织人员的招聘选拔、教育培训、薪酬福利、人员调整及人工成本的控制等工作都做了具体而详细的安排，是组织实施管理工作的起点。同时，人力资源规划还能提供大量的市场动态信息，使管理者能够随时了解和掌握社会环境中人力资源市场的变化状况，有效地帮助组织进行工作分析，及时做出应对措施，为组织实施管理工作提供重要依据。

3. 人力资源规划能够帮助组织科学地控制人工成本

工资是组织人工成本中最大的支出部分。组织不断发展壮大，员工职位不断提升，会使工资越来越高，使得组织人工成本不断增加。人力资源规划能够科学地预测员工未来在数量、结构方面的变化，并改善组织的人力资源结构，减少不必要的人力资源成本支出，使之更加合理化，达到帮助组织科学地控制人工成本的目的。

4. 人力资源规划有助于调动员工的积极性

员工通过人力资源规划可以了解到组织未来对各个层次人力资源的需求，可以有更多的机会参加培训，提高自身素质和工作胜任能力，从而充分调动自身的工作热情，为自己设计有利于个人发展的道路，能够增加对工作的满意度，在岗位上发挥能动性和创造性，提高工作质量。

（三）人力资源规划的内容

人力资源规划是一项系统的战略工程，它以企业发展战略为指导，以全面核查现有人力资源、分析企业内外部条件为基础，以预测组织对人员的未来供需为切入点，内容包括晋升规划、补充规划、培训开发规划、人员调配规划、工资规划等，基本涵盖了人力资源的各项管理工作。人力资源规划还通过人事政策的制定对人力资源管理活动产生持续和重要的影响。组织的人力资源规划分为两个层次：一个层次是人力资源的总体规划；另一个层次是人力资源的具体规划。

人力资源的总体规划是指根据组织的总体战略目标制订的，在计划期内人力资源开发与管理的总原则、总方针、总目标、总措施、总预算的安排。人力资源的具体规划是指人力资源各项具体业务规划，是总体规划的展开和时空具体化，每一项具体计划也都是由目标、任务、政策、步骤和预算等部分构成，从不同方面保证人力资源总体规划的实现。人力资源具体规划包括人员补充规划、人员使用和调整规划、人才接替发展规划、人才教育培训规划、评价激励规划、劳动关系规划、退休解聘规划、员工薪酬规划、员工职业生涯发展规划等。

二、人力资源预测

在组织的人力资源规划中，人力资源预测是比较关键的环节，处于人力资源规划的核心地位，是制定各种战略、计划、方案的基础。组织要想保持竞争力，关键看是否拥有具备竞争力的员工，但是，要想拥有合格的员工队伍，就必须做好人力资源的供求预测工作。

（一）人力资源的需求预测

1. 人力资源需求预测的含义、特点

（1）人力资源需求预测的含义

人力资源需求预测是指组织的人力资源管理部门根据组织的战略目标、组织结构、工作任务，综合各种因素的影响，对组织未来某一时期所需的人力资源数量、质量和结构进行估算的活动。

（2）人力资源需求预测的特点

①科学性

组织的人力资源需求预测工作是按科学的程序，运用科学的方法及逻辑推理等手段，对人力资源未来的发展趋势做出科学的分析。它能够反映出人力资源的发展规律，因而具有科学性。

②近似性

由于人力资源需求预测是对组织未来某一时期所需的人力资源数量、质量和结构进行估算的活动，而事物在发展的过程中总会受到各种因素的影响而不断发生变化，因此，该预测只能对未来的预测做出尽可能贴近的描述，人力资源需求的预测结果与未来发生的实际结果存在一定的偏差，只是极为近似。

③局限性

在人力资源需求预测的过程中，由于预测对象受到外部各种因素变化的影响，从而具有不确定性或者随机性，就会使得预测的结果带有一定的局限性，不能表达出人力资源需求发展完全、真实的面貌和性质。

2. 人力资源需求预测的方法

人力资源需求预测是否科学、合理，关系到组织的人力资源规划能否成功，在制定时要充分考虑组织内外环境的各种因素，根据现有人力资源的状况及组织的发展目标确定未来所需人员的数量、质量和结构。人力资源需求预测的方法可分为定性预测方法和定量预测方法。定性预测方法是一种主观判断的方法，包括德尔菲（Delphi）法、微观集成法、工作研究法、现状规划法、描述法等。定量预测方法是利用数学手段进行预测的方法，主要包括回归分析法、计算机模拟预测法、比率分析法、劳动定额法等。

（1）定性预测方法

①德尔菲法

德尔菲法也叫专家预测法或集体预测法，是指收集有关专家对组织某一方面发展的观点或意见并加以调整分析的方法。德尔菲法一般采取匿名问卷调查的方式，通过综合专家们各自的意见来预测组织未来人力资源需求量。专家可以来自组织内部，如组织的高层管理人员或者各部门具体的管理人员，也可以聘请组织外部的专家。

德尔菲法的特点是：吸收专家参与，充分利用专家的经验、学识；采用匿名或背靠背的方式，能使每一位专家独立自主地做出自己的判断；预测过程经过几轮反馈，使专家的意见逐渐趋同。由于这种预测方法是在专家不会受到他人干扰的情况下做出的意见，并能够综合考虑到社会环境、组织发展战略和人员流动等因素对组织人力资源规划的影响，因此具有很强的操作性，在实践中被广泛地运用到人力资源规划中。但是这种方法也存在不足之处，即其预测结果具有强烈的主观性和模糊性，无法为组织制定准确的人力资源规划政策提供详细可靠的数据信息。

此外，在使用德尔菲法时还应注意以下原则：

a. 挑选有代表性的专家，并且为专家提供充分的信息材料。

b. 所提的问题应当词义表达准确，不会引发歧义，应是专家能够回答的问题，在问卷设计时不提无关的问题。

c. 在进行统计分析时，应视专家的权威性不同而区别对待不同的问题，不能一概而论。

d. 在预测前争取对专家进行必要的培训，了解该预测的背景及意义，使专家对预测中涉及的各种概念和指标理解一致，尽量避免专家在预测中出现倾向性选择信息和冒险心理效应。

②微观集成法

微观集成法是一种主观的预测方法，是指根据有关管理人员的经验，结合本公司的特点，对公司员工需求加以预测的方法。这种方法主要采用"自下而上"和"自上而下"两种方式。"自下而上"的方式是从组织的底层开始预测人员需求，由组织内各部门的管理者根据本部门的工作负荷及业务发展，对本部门未来某种人员的需求量做出预测，然后向上级主管提出用人要求和建议。组织的人力资源部门根据各部门的需求进行横向和纵向的汇总，再结合组织的经营战略形成总体预测方案。"自上而下"的预测方式则是由组织的决策者先拟定组织的总体用人目标和计划，然后由各级部门再自行确定所需人员计划。

这两种方式还可以结合起来同时运用，即组织先提出员工需求的指导性建议，再由各部门按照该要求，逐级下达到基层，确定具体用人需求；同时，由人力资源部门汇总后根据组织的战略目标确定总体用人需求，将最后形成的员工需求预测交由组织决策者审批，形成组织的人力资源需求规划方案。此法适用于短期预测和生产情况比较稳定的组织。

③工作研究法

工作研究法是通过工作研究计算完成某项工作或某件产品的工时定额和劳动定额，并考虑预测期内的变动因素，以此来进行组织员工需求预测。即根据具体岗位的工作内容和职责范围，确定适岗人员的工作量，再得出总人数。此法易于实施，适用于结构比较简单、职责比较清晰的组织。

④现状规划法

现状规划法是最简单的预测方法，是指在假定组织的生产规模和生产技术不变，且人力资源的配备比例和人员数量完全能够适应预测期内人力资源需求的情况下，对组织人员晋升、降职、退休、辞职、重病等情况的预测。根据历史资料的统计和分析比例，预测上述人员的数量，再调动人员或招聘人员弥补岗位空缺。该方法易于操作，适合组织中、短期的人力资源预测，适用于特别稳定、技术规模不变的组织。现状规划法的计算公式是：

$$人力资源需求量 = 退休人员数 + 辞退、辞职、重病人员数 \qquad (1-1)$$

⑤描述法

描述法是组织的人力资源部门对组织未来某一时期的战略目标和因素进行假定性描述、分析、综合，预测出人员需求量。此种方法应做出多种备选方案，以便适应组织内部环境或相关因素的变化。

（2）定量预测方法

①回归分析法

回归分析法是采用统计方法预测人力资源需求的一种技术方法。主要是以过去的变化趋势为根据来预测未来变化趋势的一种方法，运用这种方法需要大量的历史业务数据，如组织的销售收入、销量、利润、市场占有率等，从这些数据中可以发现组织中与人力资源的需求量关系最大的因素，分析这一因素随着人员的增减而变化的趋势，以历史数据为基础建立回归方程，计算得出组织在未来一定时期内的人员变化趋势与人数需求量。回归分析法有一元线性回归预测法，也有多元回归预测法，最简单的是一元线性回归预测法，适合人力资源规划中以年为单位预测总量变化的情况。

②计算机模拟预测法

计算机模拟预测法主要是在计算机中运用各种复杂的数学模式，对组织在未来外部环境及内部环境发生动态变化时，组织人员的数量和配置情况进行模拟测试，从而得出组织未来人员配置的需求量。这种方法是人力资源需求预测方法中最为复杂的一种，相当于在一个虚拟的世界里进行试验，能够综合考虑各种因素对组织人员需求的影响，必将得到广泛的应用。

③比率分析法

比率分析法也叫作转化比率分析法，这种方法是以组织中的关键因素（销售额、关键技能员工）和所需人力资源数量的比率为依据，预测出组织人力资源的需求量；或者通过组织中的关键人员数量预测其他人员如秘书、财务人员和人力资源管理人员的需求量。使用比率分析法的目的是将企业的业务量转换为人力资源的需求，这是一种适合于短期需求预测的方法。以某大学为例，假设在校攻读的研究生数量增加了一个百分点，那么相应地要求教师的数量也要增加一个百分点，而其他职员的数量也应增加，否则难以保证该大学对研究生培养的质量。这实际上是根据组织过去的人力资源需求数量同某影响因素的比率对未来的人事需求进行预测。但是，运用比率分析法要假定组织的劳动生产率是不变的。如果组织的劳动生产率发生升降变化，那么运用这种方法进行人力资源预测就会缺乏准确性。

（二）人力资源供给预测

1. 人力资源供给预测的含义及内容

（1）人力资源供给预测的含义

人力资源供给预测是人力资源规划中的重要核心内容，是指组织运用一定的方法，对组织未来从内部和外部可能获得的人力资源数量、质量和结构进行预测，以满足组织未来发展时期对人员的需求。

（2）人力资源供给预测的内容

人力资源供给预测的内容分为组织内部供给和组织外部供给两个方面。

组织内部供给是对组织内部人力资源开发和使用状况进行分析掌握后，对未来组织内部所能提供的人力资源状况进行的预测。内部供给预测需要考虑的是组织的内部条件，具体包括：分析组织内部的部门分布、岗位及工种、员工技术水平及知识水平、年龄构成等人力资源状况；了解目前组织内因伤残、死亡、退休等造成的员工自然流失情况；分析工作条件（如作息制度、轮班制度等）的改变和出勤率的变动对人力资源供给的影响；估计组织目前的人力资源供给情况，掌握组织员工的供给来源和渠道；预测将来员工因职位升降、岗位调整或跳槽等导致的流动态势。对这些内部变化做出分析，便于有针对性地采取应对和解决措施。

外部供给预测需要考虑的是组织外部环境的变化，考虑诸多的经济、社会、文化因素对人力资源市场的影响，预测劳动力市场或人才市场对组织员工的供给能力。需要分析国家经济发展的整体状况，掌握国家已出台的相关政策法规、科技的发展情况及人才培养结构的变化，还要分析人口发展趋势、本行业的发展前景，具体分析本地劳动力市场的劳动力结构和模式、组织的聘任条件，了解竞争对手的竞争策略。

2. 人力资源供给预测的方法

在人力资源供给预测的研究中，人力资源内部供给预测是人力资源规划的核心内容，因此，目前，国内外有关人力资源供给预测方法的研究主要定位于组织内部人力资源供给预测上，有关预测方法的研究在不断改进和创新。而我国在此方面的研究还停留在直接引入国外成果的阶段，尽管有很多学者在各种人力资源管理著作中提出了许多预测方法，但都大同小异。目前国内外公认的方法主要有德尔菲法、替换单法、马尔柯夫（Markov）模型、目标规划法。

人力资源供给预测方法也可以分为定性预测法和定量预测法。

（1）定性预测法

①德尔菲法

德尔菲法是一种依靠管理者或专家主观判读的预测方法。在人力资源规划中，此方法既可用于人力资源需求预测方面，也同样适用于人力资源供给预测。这种方法具有方便、可信的优点，并且在资料不完备、用其他方法难以完成的情况下能够成功进行预测。

关于德尔菲法的具体过程，可参见人力资源需求预测部分。

②替换单法

有的书上也把替换单法叫作替换图法、接续计划法或人员接替法，此方法是根据组织人力资源的现状分布及对员工潜力评估的情况，对组织实现人力资源供给和接替。在组织现有人员分布状况、未来理想人员分布和流失率已知的条件下，由空缺的待补充职位的晋升量和人员补充量即可知人力资源供给量。这种方法主要适合于组织中管理人员的供给预测工作，组织内部的人员调动必然会使管理层职位出现空缺，而往往对管理层空缺职位的补充都是从下一级员工中提拔的。因此，在职位空缺前用替换单法制订出人员接续计划，就起到了未雨绸缪的作用。很多国外大型企业都是采用这种人力资源供给预测方法。替换单法最早应用于人力资源供给预测，后来也应用于需求预测。

应用此方法时首先需要确定需要接续的职位，接着确定可能接替的人选，并对这些人选进行评估，判断其是否达到提升要求，再根据评估结果，对接替的人选进行必要的培训。

（2）定量预测法

①马尔柯夫模型

马尔柯夫模型是用来预测具有等时间间距（如一年）的时间点上各类人员的分布状况。即运用历年数据推算出各个工作岗位汇总人员变动概率，找出过去人力资源变动的规律，从而推测出未来人员变动情况的一种方法，其基本假设是组织中员工流动方向与概率基本不变。马尔柯夫模型实际上是通过建立一种转换概率矩阵，运用统计技术预测未来人力资源变化的一种方法，它在假设组织中员工流动的方向与概率基本保持不变的基础上，收集处理大量具体数据，找出组织内部过去人员流动的规律，从而推测未来组织人力资源的变动趋势。

这种方法目前广泛应用于组织的人力资源供给预测上，可以为组织提供精确的数量信息，有利于做出有效决策。

②目标规划法

目标规划法是一种容易理解的、具有高度适应性的预测方法。指出员工在预定目标下为最大化其所得是如何进行分配的。目标规划是一种多目标规划技术，其基本思想源于西蒙的目标满意概念，即每一个目标都是一个要达到的标靶或目标值，然后使距离这些目标的偏差最小化。当类似的目标同时存在时，决策者可确定一个应该被采用的有限顺序。

上述四种人力资源供给预测方法各有优劣，使用德尔菲法和替换单法简单易行，但是预测结果具有强烈的主观性和模糊性，准确性较差。马尔柯夫模型和目标规划法能够为组织提供精确的数据，准确性高，但是在运用时，必须调配广泛的资源，以找到公式所需的全部参数，因此实时性较差。但在实际应用中，组织可以根据自身规模的大小、周围环境的条件及规划预测重点的不同，对四个评价方面予以不同的权重，选择最适合自己的一种预测方法，也可将几种预测方法建立一个组合系统进行预测。

3. 人力资源供给预测的程序

人力资源供给预测的程序分为内部供给预测和外部供给预测两个方面，具体步骤如下：

（1）进行人力资源盘点，了解组织人力资源分布现状。根据组织的职务调整策略和历史员工的调整数据，统计需要调整的员工比例。

（2）向各部门的人事主管了解可能出现的人事变动，包括员工自然流失和人员流动情况。

（3）将需要调整的人员比例及人事变动情况进行汇总，得出组织内部人力资源供给总量预测。

（4）分析影响外部人员人力资源供给的地域性因素，包括：组织所在地域的人力资源整体现状、供求现状、对人才的吸引程度；组织本身，以及能够为员工提供的薪酬、福利对人才的吸引程度。

（5）通过影响组织外部人力资源供给地域性及全国因素的分析，预测组织外部人力资源供给总量。

（6）汇总组织内部及外部人力资源供给预测总量，得出组织的人力资源供给预测。

三、人力资源规划的制订

竞争日益激烈的今天，人力资源逐渐成为组织最富竞争力的核心要素，人力资源部门在组织中日益彰显出其地位的重要性。其原因在于人力资源规划工作与组织战略发展目标的实现是联系在一起的，为组织发展目标的实现提供人力资源方面的保障。因此，组织越来越重视人力资源规划的制订工作，在组织发展过程中的各个阶段制订相应的人力资源规划，以实现该阶段的战略目标。

（一）人力资源规划制订的原则

1. 全面性原则

人力资源规划要全面地考虑公司各个部门人力资源情况及人力资源的发展、培训及需求等情况。

2. 客观公正性原则

制订人力资源规划时，要对各个部门的实际情况和人力资源情况进行客观、公正的评价和考虑。

3. 协作性原则

制订人力资源规划需要各个部门密切配合，人力资源部要协调好与各部门的关系和工作。

4. 发展性原则

组织在制订人力资源规划时要考虑组织的长远发展方向，以组织获得可持续发展的生命力为目标，协调好各种关系，为组织培养、再造所需人才。

5. 动态性原则

组织的人力资源规划并非一成不变的。当组织的内外部环境发生变化时，组织的战略目标也会随之进行调整，这时人力资源规划也要相应地进行修改和完善，保持与组织整体发展状况的动态相适应。

（二）资源规划制订的程序

1. 组织内外部环境信息收集分析阶段

组织内外部信息收集分析阶段的主要任务是调查、收集能够涉及组织战略决策和经营环境的各种必要的信息，为下一步制订人力资源规划提供可靠的依据和支持。组织的内部环境包括企业结构、文化、员工储备等内容，组织的外部环境包括宏观环境、行业环境等。这一阶段要结合组织的战略目标对组织的内部环境进行分析，掌握产品结构、消费者结构、产品的市场占有率等组织自身因素，以及劳动力市场的结构、择业心理、相关政策等相关社会因素。

2. 组织人力资源存量及预测分析阶段

首先，人力资源管理部门要采用科学的分析方法对组织现有的人力资源进行盘点，对组织中的各类人力资源数量、质量、结构、人力潜力及利用情况、流动比率进行统计，分析当前内部人力资源的利用情况，收集组织现有的职位信息。其次，结合组织内部环境状况，如组织内部的生产设施状况、技术水平、产品结构及产品的销售额和利润等各项经营活动，对组织未来的职位信息做出人力资源需求预测，根据职位的要求详细规定任职所必需的技能、职责及评价绩效的标准。另外，职位信息还需要包括该职位的职业生涯道路在整个组织中所处的位置及该职位在组织中所能持续的时间，也就是组织需要该职位的时间。最后制定人力资源供给分析预测，包括内部人力资源供给预测，即根据现有人力资源及可能的变动情况确定未来组织能供给的人员数量及质量，以及受地区性和全国性因素的影响，外部人力资源可能供给人员情况的预测。这一阶段的工作是整个人力资源规划能否成功的关键，为组织人力资源规划的制订提供了依据和保障。

3. 人力资源总体规划的制订与分析阶段

对人力资源进行了需求预测和供给预测之后，就可以制订人力资源总体规划了。

在前两个阶段的基础上，结合人力资源需求预测和供给预测的数据，对组织人力资源数量、质量和结构进行比较，便可以确定组织未来人力资源的剩余或缺口，然后再采取相应的措施进行调整，这就是组织的人力资源总体规划。人力资源的总体规划主要包括组织的人力资源规划目标、与人力资源有关的各项政策和策略、组织内外部人力资源需求与供给的预测及组织在规划期内人力资源的净需求等几个部分。

对人力资源供需进行比较后，如果出现了供不应求的情况，就应采取有效的措施和方法，弥补人力资源的不足。例如，制订调动员工积极性的方案挖掘员工的潜能，对员工采取加班、培训、晋升、工作再设计和招聘新员工等措施。如果出现了供大于求的情况，也要采取有力的措施避免加重组织的负担。比如，可采取以下措施：扩大组织的业务量；对多余的员工进行再就业培训，帮助他们走向新的工作岗位；对员工进行培训，提高其素质、技能和知识水平；不再续签工作合同，让部分老员工提前退休及辞退；鼓励员工辞职等。如果出现的是人力资源供求相等的情况，则不需要采取重大的人力资源调整措施。

4. 人力资源具体规划的制订阶段

这个阶段的工作任务是根据上一阶段所确定的人力资源净需求的情况，制订一系列有针对性的、具体的人力资源规划方案，包括人员招聘计划、人员流动调配计划、管理体制调整计划、员工素质提高计划、薪酬调整计划、员工退休解聘计划等，通过制订这些计划或方案并有效实施，可以保证组织未来的人力资源状况能够符合组织的战略发展需要。

5. 人力资源规划的控制与调整阶段

由于组织所处的环境是一个动态的环境，组织会随之不断修正战略目标，所以，人力资源规划在实施过程中也就必须相应地进行变更或修订，各项具体的人力资源规划政策制定出来后要付诸实施，必须组织内部的各个部门通力合作才能实现。在实施过程中，要建立科学的评价和控制体系，客观、公正地对人力资源规划进行评估，广泛征求各个部门领导者的意见，根据评估结果及时反馈信息，对人力资源战略和规划做出适当的调整，不断完善整个组织的人力资源规划体系以适应环境的变化。

（三）建立人力资源管理信息系统

人力资源规划制订完毕后，在实施人力资源规划的时候，就需要建立一个完善的人力资源信息管理系统，有效的人力资源信息管理系统有利于组织更好地执行人力资源规划。

1. 人力资源管理信息系统的概念

人力资源管理信息系统是指组织利用计算机和其他先进技术，融合科学的管理方法，对人力资源工作方面的信息进行处理，辅助人力资源管理人员完成信息管理、完善工作职能的应用系统，包括收集、保存、分析和报告，一个有效的人力资源管理信息系统应能够提供及时、准确、完善的信息，这对于做出人力资源决策是非常关键的。

2. 人力资源管理信息系统的作用

人力资源管理信息系统为组织提供了一个收集、存储和处理信息的平台，可以保证组织及时、有效地实现人力资源管理决策及组织的整体战略目标，其作用具体表现在以下两个方面。

（1）为组织建立人力资源数据中心

人力资源管理信息系统可以为组织建立系统的人事档案，由计算机程序来处理人事数据的保存、分析和计算工作，可以对组织的现有人力资源状况进行分析，还可以对未来人力资源的需求状况进行预测，能够及时、准确地掌握组织内部员工数量、结构、人工成本、培训支出等相关信息，确保员工数据信息的真实完整性；可以在人事档案中对人力资源管理的某些概念进行说明，如晋升人选的确定、工作调动、教育培训、工作奖励计划、现有组织结构分析等，还可以及时地在网络上了解市场上人力资源的最新动向，对外发布组织所需人才及职位需求等信息，提高招聘效率，能够节省组织的人力、财力，有利于改善组织人力资源管理的效率，使组织的人力资源开发、管理更加科学有效。

（2）提高组织人力资源管理的水平，为组织高层管理者做出决策提供帮助

人力资源信息系统的建设必然会要求组织制定适合于本组织雇员绩效考核、薪酬和福利管理等工作的一系列指标，使组织的人力资源计划和控制管理定量化。该系统所提供的数据能够为组织的管理者进行管理决策时提供准确、可信的数据，使组织的人力资源管理工作更加科学化、规范化。

总之，建立人力资源管理信息系统是人力资源管理中的一项基础工作，它能提供详尽的人力资源信息和资料，提供备选方案，并对方案进行优化和判断，可以提高决策者的决

策能力，使组织的决策和管理更加科学化。

3. 人力资源管理信息系统的建立

建立人力资源管理信息系统具体包括以下几个步骤：

（1）建立组织的人力资源管理信息平台，通过计算机和网络技术构建组织的人力资源信息数据库，配备所需的各种硬件设备和软件设备。

（2）建立人力资源收集、保存、分析、报告等各个子系统，确定每个子系统的具体方法。

（3）将收集来的各种信息输入人力资源数据库，并进行分类。

（4）运用人力资源管理信息系统和数据库进行各项人力资源规划工作，对组织的人力资源状况进行准确判断和预测。

第二章 人力资源组织结构

第一节　组织结构配置

组织是由人构成的，也是由人来进行管理的。没有人，组织就不存在；没有优秀的人力资源，组织就不可能生存和发展。组织建立和发展过程中所有的成功和失败归根结底都是与人的因素密切相关。如个人的目标与其所在的组织的目标一致性越高，个人和组织双方目标实现程度才能越高；反之，个人的目标与其所在的组织的目标一致性越低，个人和组织双方目标的实现程度也就会越低。这是我们在设计组织结构，配置人力资源时必须把握的指导思想。

一、对有效组织结构的选择

来自企业本身的挑战多种多样，但核心内容不外乎三大方面：组织结构的设计、企业的人力资源配备和企业内部的激励机制。从长远观点看，还要再加上由技术创新所带来的组织变革。关键的问题是，作为一个现代企业组织，怎样的组织结构能够最有效地保证其战略目标的实现？怎样的分工与协作能够保证组织的高效率运行？这些都是组织与人力资源管理应重点研究的问题。企业发展战略是前导的、指向未来的，而组织结构是滞后的，这就构成了战略与组织的矛盾。但组织应该是为战略服务的。企业实施其战略中的一系列决策和实际行动总是要通过对企业内部各级、各部门的分工和授权才能进行。这种分工与授权所形成的组织结构既可能促进企业战略的实施，也可能起阻碍作用，关键在于组织结构与企业战略是否相匹配。

企业组织结构，就是研究企业组织这一系统的构成形式，即目标、协同、人员、职位、职责、相互关系、信息等组织七要素的有效排列组合方式。简而言之，就是把企业的目标任务分解为职位，再把职位综合为部门，由众多的部门组成垂直的权力系统和水平的分工协作系统的一个整体机构。组织结构是企业的组织意识和组织机制所赖以存在的基础。

现代企业在其发展壮大的过程中虽然已经创造出直线职能制、事业部制、超事业部制、矩阵制、混合制等基本的组织结构，并在此基础上又演化出一些其他的变种，但这并不意味着现代企业在组织结构上已经达到完美的境界。

因此，对任何一个特定的企业而言，在复杂多变的内外环境中，如何设计一个适合它的、能够使其有效地实现企业战略目标的组织结构并进行有效的人力资源配置，实在是一件至关重要的事。

二、企业战略与组织结构的关系

组织结构是企业高层决策者为实现企业战略目标而建立信息沟通、权力和职责分工与协作的正式关系，因此，组织结构设计的起点应是企业的目标和实现目标的战略。企业战略是企业长期性、全局性的努力方向，组织结构是由企业战略目标来导向的。组织结构应服从企业战略目标，如果企业战略发生重大调整，组织结构也应该做相应变革。由于企业外部环境以不确定性为常态在不断地发生变化，企业战略目标要随着这种变化不断加以调整，加之技术进步日新月异、文化背景变幻莫测，以及企业本身也在自己生命周期的不同阶段上不断地成长壮大，所以，企业组织结构的变革不是偶尔发生的，而是必须经常地、不断地进行。企业组织结构是关系到企业生死存亡的大问题，企业要么能通过组织结构变革获得新生，要么维持传统结构不变而走向消亡。

（一）企业经营战略的前导性及组织结构的滞后性

相对于企业外部环境变化而言，战略与组织结构都会对环境变化做出反应，但是最先做出反应的是战略，而不是组织结构，即存在战略的前导性和结构的滞后性。

战略的前导性是指企业经营战略的变化快于组织结构的变化，这是因为企业一旦意识到外部环境和内部条件变化提供了新的机会与需求时，企业首先要改变战略，以便在新的条件下求得经济效益的增长或保证企业的生存。当然，一个新的战略需要有一个新的组织机构，至少在原有组织机构基础上进行调整，如果组织机构不做出相应的变化，新战略也不会使企业获得更大的效益。

一般来说，组织结构的变革常常要慢于战略的变化，特别是在经济快速发展的时期更是如此。造成组织结构变革滞后的原因有两个：一是新旧组织结构的交替需要有一个更长的时间过程，当新的环境出现后，企业首先考虑的是战略，新的战略制定出来后才能根据新战略的要求来考虑组织结构的变革，而原有结构还有一定的惯性，原有的管理人员仍在运用旧的职权和沟通渠道去管理新的战略活动，因而新战略的贯彻和执行也受到了很大的限制和阻碍；二是原有管理人员会抵制企业组织结构的变革，企业管理人员对旧的组织结构已经熟悉、习惯或运用自如，而组织结构的变革会威胁到他们的地位、权力、利益，特别是心理上感到混乱和紧张，甚至恐慌和有压力，因此，他们往往会用各种方式去抵制组织结构的变革。

由上面分析可以看出，在战略转变过程中，总会有一个阶段，企业是利用旧的组织结构推行新战略，因此，在开始实施战略时即应考虑组织结构的滞后性，在组织结构变革上既不能操之过急，但又要尽量缩短组织结构的滞后时间，使其能尽快与新战略的需求相匹配。

（二）实现组织结构变革与战略上实质性创新

组织结构有其固定的稳定性和运作惯性，而且其变革涉及组织中的所有成员、部门和层级方方面面的利益关系，因此，必须有高层管理者在企业战略层面的发动和全体员工的参与配合，同时结构本身也应具有某种相应的创新杠杆或机制，企业变革才能成功完成。

在外界环境相对稳定的时期，企业战略的调整和相应的组织结构变革都以渐进的方式进行，企业战略与组织结构的匹配虽不尽完善，但也能大致做到相符合，两者矛盾并不突出。当企业面临重大的战略转折时，要求制定和实施与旧战略不相同的新战略。即企业要实现重大的战略创新，这就对企业组织结构形成了严峻的挑战，如果不对企业旧的组织结构进行重大变革，则创新战略将根本无法实施，支撑企业竞争优势的组织能力就不能形成。这时可以采取的办法有以下两个：一是在创新战略的推行和实施上放慢速度和放低要求，以使新战略的实施与旧的组织结构不相匹配的矛盾充分暴露，使企业内多数管理人员和员工认识到企业新的经营战略与原有的组织结构不相匹配的问题已发展到相当严重的程度，阻碍了企业的快速发展，甚至使企业贻误战机蒙受了许多不应有的损失，付出了很大代价，这时企业才能产生克服组织结构刚性的动力，进而对企业组织结构进行重大改革，这种方法要花费较多的时间、精力和代价；二是当企业环境的急剧变化已不允许企业有任何迟延，企业不在创新战略中崛起就会在旧战略中灭亡，在此重大战略转折的关键时刻，应力排众议，克服任何阻力，坚决对组织结构进行重大改组和变革，以使创新战略立即在企业内得以贯彻实施，对于那些反对创新战略实施或对创新战略贯彻实施很不得力的管理人员，甚至是企业高层管理人员，为了企业的利益，企业只有做出人事调整，扫清战略实施的重大障碍，以使创新战略得以贯彻。这种方法虽然使新战略能立即见效，但也要付出很大的代价，如果大多数管理人员及员工思想跟不上，仍不会彻底地贯彻新战略。

三、人力资源对组织结构的影响

人力资源对组织结构的主要影响有：一是集权与分权。企业中层管理人员专业水平高，知识全面，经验丰富，有良好的职业道德，那么管理权力可较多下放，管理责任下移；反之，则权力应多集中一些。二是管理幅度大小。管理者的专业水平、领导经验、组织能力较强，就可以适当地扩大管理幅度；反之，则应缩小管理幅度，以保证管理的有效性。三是部门设置的形式，如实行事业部制须有比较全面领导能力的人选担任事业部经理；实行矩阵结构，项目经理人选要求有较高的威信和良好的人际关系，以适应其责多权少的特点。四是定编人数。人员素质高，人可兼多职，可减少编制，提高效率；人员素质低，则须将复杂的工作分解由多人来完成。五是协调机制，员工有良好的协作风格可以在某种程度上弥补协调机制设计上的不足；反之，如果员工本位主义严重，又缺乏必要的沟通培训，则部门间必然扯皮不断，工作效率低下，需要加强协调机制的设计。

人力资源对组织结构设计的影响目前还没有引起企业足够的重视，但是在组织结构设计中对人力资源的影响考虑不够会产生较严重的问题。现实中比较典型的例子是麦肯锡为实达做的组织结构设计咨询，将实达由原来各产品线独立经营的事业部改为销售资源共享的产品经理制后，由于产品经理主要由原工程技术人员调整而来，但他们多数不懂市场营销，不能承担产品线的策划管理职责，而客户经理主要由原销售人员调整而来，他们对其他相关的产品技术缺乏深入的了解，无法承担为客户提供整合服务的职能，因此组织结构调整后导致经营效益大幅下滑。

传统的组织形式是首先确定组织存在的目的，找出它应完成的任务和所需要的技术，再设计出它的结构，明确各项工作（职能）之间的相互关系，并设置一定的权威来指导和控制这些不同的职能。然而，组织又是由人来管理的，它的结构中的每项职务（岗位）上都配置着人。无论是在创建组织时还是在一般的管理过程中，常遇到挑战和挫折，往往都要涉及人的有关问题，所以组织和人是高度相互依存的。

今天，企业运作的环境相较过去，无论内外都已经发生了重大变化。环境的变化和竞争的激烈使企业生存和发展的难度增大，也迫使企业进行不断的组织自我更新，以增强其适应能力。企业为了适应环境的变化和新的战略调整的需要，必须不断地进行自我组织调整和重构。因此，企业就要着手进行组织结构设计，以便配合企业战略的实施和执行。企业组织设计是对组织活动和组织结构的设计过程。它有以下几个要点：①组织设计是管理者在一定组织中建立最有效相互关系的一种合理化的、有意识的过程。②这个过程既包括组织的外部要素（环境等），又包括组织的内部要素（战略、目标、技术、人员等）。③

组织设计的结果是形成组织结构。④组织结构的内容包括：工作职务的专业化、部门的划分、直线指挥子系统与职能参谋系统的相互关系等方面的工作任务组合。建立职权指挥系统，控制幅度和集权分权等人与人相互影响的机制。⑤开发最有效的协调手段。⑥工作丰富化。⑦进行工作轮换与扩大化设计。⑧工作时间设计。特别要指出的是，在组织结构设计时，必须明确指出企业的关键职能或部门，否则，即使企业各项基本职能健全，但也抓不住主要矛盾，平均使用力量，或者互相争当主角，容易造成摩擦与内耗，组织管理低效，不能保证企业战略目标的实现。事实上，一个运行良好的企业都必须把关键职能配置在企业组织结构的中心位置。

四、人力资源配置原则

为了做好人力资源配置工作，企业管理者要遵循以下原则：第一，人员配置必须以实现企业的生产经营目标为中心。第二，人员配置必须以精简、高效、节约为目标。这就要求预测产品方案要科学，因为它是编制人员的基础，切忌为多留人而有意加大生产工作量，应以先进合理的定员标准为依据，由定员标准和劳动定额来确定人员数量，在企业中提倡兼职，鼓励员工一专多能，一定范围内简化业务手续，减少管理层次，精简机构。第三，人员配置必须同新的劳动分工与协作关系相适应。例如，随着电子计算机的使用，出现了信息分工，即信息处理与信息使用相分离，客观上要求配置专职的信息处理工作人员，同时相应减少旧的信息工作人员。第四，应合理安排各类人员的比例关系。包括合理地确定直接生产人员和非直接生产人员的比例关系，尽量减少非直接生产人员比重；合理确定基本生产工人与辅助工人的比例关系，即一线工人与二线工人的比例，在一定的技术装备条件下，扩大一线工人的比重是提高劳动生产率的一项重要措施；合理确定各个工种之间的人员比例关系，在一定的产品结构和一定的生产技术条件下，各个工种在人员数量配备上，存在一个最佳的比例关系，按这个比例配备人员，工种之间的劳动能力就会大体平衡，可减少和消除窝工现象。

企业组织结构的实施和运行最终要通过人力资源配置来实现。企业在完成组织结构设计以后，就要着手进行人员编制和配备工作，组织结构设计方案是人力资源配置的依据之一。合理配置人力资源不但有利于企业充分挖掘劳动潜力，节约使用劳动力，降低人力成本，而且为企业不断地改善组织结构，提高劳动生产率提供了条件。人力资源配置以一定的组织结构为基础，反过来又会促进组织不断改变其结构，合理地进行劳动组合，克服机构臃肿、纪律松弛、人浮于事、效率低下的弊病，从而有效地提高劳动生产效率。在组织发展过程中，人力资源配置要根据组织发展战略，有计划、有步骤地进行补充和调配人员以及加强对人员的培训，从而确保与整体经营战略相适应。

第二节　组织结构柔性

柔性是指组织结构的可调整性，对环境变化、战略调整的适应能力。在知识经济时代，外部环境以远快于工业经济时代的速度嬗变。因此，组织的战略调整和组织结构调整必须及时，应运而生的柔性组织结构使其运作带有柔性的特征。

一、柔性组织理论

"柔性"是指适应变化的能力和特性。"柔性"有时被认为相当于"敏捷"，能根据环境的变化迅速调整思路，避开威胁，但"柔性"与"敏捷"是有区别的，"柔性"还含有忍受变化所带来的负面影响的能力，有坚强、韧性之意。组织的柔性化是指企业具有参与国际竞争、对变化不断反应，以及适时根据可预期变化迅速进行调整的能力。可塑性组织包括一个职能结构，围绕这一结构，项目组及小型业务单位不断被建立、合并、解散。这些单位集中于产品、分销渠道、流通环节、顾客、地区、供应商、技术等领域。组织的这种可塑性正是我们所探讨的柔性。柔性组织是一种松散灵活的、具有高度适应性的组织形式，能够弥补传统组织个性的不足。

（一）刚柔并济

管理要有一定的张力，同时又要有一定的韧性，要允许下属有一个自我认识、自我改正的过程，不要过分急躁、过分强求。需要果断的时候就不能优柔寡断，需要灵活的时候就不能保守僵化。常规的职能划分、流程管理、目标管理、制度管理是企业必不可少的刚性管理方式，因为它们能够为员工明确奋斗目标和工作程序，是管理的坚实基础。有了这样的管理基础，才能更好地发挥柔性管理的作用。但同时，如果员工的主人翁精神能够被充分激发，在问题产生时主动补位，并在组织内流动起来，自觉自愿地为企业发展尽心尽力，企业管理即可事半功倍，这就是柔性管理的根本目的。

（二）相机而动

企业经营要在"先为不可胜"的基础上，学会在运动中进行战略转移，寻找"待敌之可胜"之机。当企业资源处于劣势，市场竞争白热化使行业利润下降，市场前景不佳时，采用防御型战略；当企业资源处于劣势，但市场环境机会看好时，采用巩固发展型战略；当企业有较强的资源优势，市场环境机会看好时，采用进攻扩张型战略；当企业有较强的资源优势，市场竞争白热化使行业利润下降，市场前景不佳时，采用竞争转移型战略。企业管理者好比军队的指挥官，必须根据快速变化的战场情况来组织、部署兵力。静态的人员组织结构只适用于静态的市场环境，最优的人员组织结构应该是灵活的、动态的，是可以因市场变化而及时调整的。善于用兵打仗的人，会去努力发现、创造有利的态势和机会，并不对下属求全责备，而是依不同的形势选用合适的人才，来把握和利用态势和机会。企业应能把握商场上的"势"，及时组织合适的人力，抓住商机，而不是消极地对员工求全责备。人员的组织结构只是手段，而非目的。它必须能因"势"的变化而变化，让合适的人才在合适的位置上，把握好机会，发挥出作用。

（三）项目运作

当新技术、新产品正快速进入市场时，公司必须组织不同的团队，以不同的"新项目组"的形式，来开发设计新产品、新服务和新的解决方案。所以，柔性组织往往是针对项目而运作的。理想的项目化企业，其组织结构应有以下三个特征：首先是"静态"的部门服务于"动态"的项目团队；其次是部门之间的界限如同虚设，员工可横跨这些界限工作而不受不必要的行政约束；最后是让所有中上层经理接受变革管理的培训，使整个管理层能充分理解组织结构从一种状态转变为另一种状态的过程。这样，绝大部分员工在项目上而非部门里工作，同时每个项目都有明确的范围、完成时间和所需资源。这与那种大部分人员都进行日常固定工作的企业有很大的不同。

二、虚拟团队

在信息时代，组织要想放松控制以便灵活驾驭变革引起的各种冲突，就需要它保持一定的速度和灵活性，使之迅速灵活地应变以不断创新。"虚拟"是信息时代的新概念，表示逻辑上存在而物理上却不存在；然而，它又能起到相应物理存在物的作用。虚拟团队，是指由共同理想、目标或利益所结合，跨地区、跨组织、跨部门并拥有不同知识和技能的人员，通过现代信息技术实现远程沟通和协调，以完成组织目标的契约式策略联盟。尽管是逻辑上的概念，但从整体看，虚拟团队仍是一个完整的团队，只要运用得法，也能起到现实中团队的作用。

（一）虚拟团队的影响力

虚拟团队并非仅存于网络的虚拟世界中，它早就存在于真实企业中，通过互联网、电话、传真或视频来进行沟通、协调，甚至共同讨论、交换文件，以分工的方式完成事先拟定的工作，而不再有永远开不完的会议。虚拟团队最大的竞争优势就是低成本、高效率。低成本是指虚拟团队不需要额外的办公设备与空间，也没有加班费、退休金、遣散费的负担，同时还可以协助企业用较低的成本寻得更专业的人才。事实上，"虚拟团队"并非新概念，在信息时代，其可以发挥得更淋漓尽致。在低成本之下，它可以创造出更多的商机与利润，并提高专业性与竞争力。不论是数十人的小公司还是成千上万人的大企业，虚拟团队的观念与策略其实都可以被充分地应用。善用虚拟团队资源整合的优势，自然可以发挥以一当十，以十当百的杠杆效应。

（二）虚拟团队的原则性

虚拟团队的出现，对传统的组织形式和管理方法提出新的要求和变革。如何维护和管理虚拟团队，提高团队效率，日益受到关注。对这种无形的团队，只有靠有形的管理，才能做到"形散而神聚"。虚拟团队不一定依赖一个看得见摸得着的办公场所而运作，但同时又是一个完整的团队，有其运行机制。

它的存在跨越了时间和空间的限制，团队成员来自各个分散的地区，因此，没有成员之间相互接触时所具备的特征。虚拟团队利用最新的网络、移动电话、可视电话、微信等技术实现基本的沟通，在技术上的诱惑力是显而易见的，但在管理上稍有不慎，就会造成管理的失控。所以，虚拟团队管理是非常重要的，管理者必须能够整合团队资源，并清楚地让成员知道整个任务的重要性。除了拟定项目目标外，还能够营造出成员的向心力，凝聚深厚的合作默契。因此，称职的团队管理者必须协助沟通，让团队能够顺利完成任务。在虚拟团队的运作过程中，管理者除了要不断掌控进度外，也要预测各种情况，避免危机发生。所以，随时保持危机意识，提早洞悉潜在危机，并随时安排备用人选待命，加长工作截止期限的缓冲期，就是在管理虚拟团队时，避免失误的重要法则。

（三）虚拟团队的核心管理

面对虚拟的成员，传统的命令和控制方式已不再有力，欲真正管理好虚拟团队，必须调整虚拟成员的定位，并在虚拟团队中建立起良好的信任氛围。这种信任并非一成不变的，而是随环境和成员的变化而改变的。虚拟团队的管理者很可能担心：一个看不见的团队，如何控制呢？问题的症结就在于这种提问的方式。对虚拟团队的管理，我们无法先入为主地导入"控制"的概念，而控制和命令是传统团队管理的两大法宝。虚拟团队管理的核心问题其实是信任的建立和维系。如果我们仍须使用控制这一方式，控制的对象应该是信任本身。因此，虚拟团队的管理体系和管理思维都是围绕信任而展开的。在信任的建立和维系上，基本的规则有四个。

1. 信而有情

授信给不应得到信任的人是一种错误。另外，在信息时代更常见的陷阱是试图在纯粹的数字化中建立信任。试想，当面对冷冰冰的机器，联系的对象都是数字化代码或单纯的电邮地址，怎么能给予对方信任呢？这可能是网络经济中的最大悖论：组织的虚拟程度越高，人们对人情味的需求就越强烈。

2. 信而有限

无限的信任既不现实，也不合理。组织对虚拟团队成员的信任其实是一种信心，即对成员能力的信心，以及对他们执行目标决心的信心。要做到这点，必须对组织重新建构，比如改变按照层级分派下达的方式，转而建立任务明确的工作单元。在这种情况下，可以最大限度地释放信任和自由，由此产生的利益将避免职能重复的弊病。

3. 信而有学

为实现最大限度的信任而建立的工作单元，如果不能跟上市场、客户和技术的变化，对整个组织将会造成巨大损失。因此，这些单元的员工就必须时刻紧跟变化的步伐，并形成一种不断学习的文化。这对组织的人力资源政策提出了挑战：一旦招聘的人员不具备这种经常性的学习心态，则无法实现及时的知识和能力更新，最终迫使组织收回信任。

4. 信而有约

对追寻商业目标的企业组织而言，信任不仅是一种主观的反应，其还应该和契约联系在一起。在给予独立业务单元信任的同时，必须保证该单元的目标和整个组织的目标一致，这就要求信任和契约相辅相成。在给予充分信任的同时，保证个体目标和整个团队目标的一致性，以契约的形式明确成员的权利、义务及违约责任等。

（四）角色转换

信任为虚拟团队的管理者带来另一个两难问题——员工角色。虽然员工得到了信任，但他会不会把信任寄托给一个他看不见的虚拟化组织？传统经济学中这一问题比较容易解决，员工是组织的人力资源，他们和组织间是一种合同制的关系，良好的薪金、开阔的职业发展路径、挑战性的工作都可成为他们工作的激励因素。在知识经济时代，员工所代表的无形资产在很多企业中已经远远超过有形资产的价值。作为高价值的无形资产代表者，他们可以轻易离开所处的团队，尤其是以信任而非控制为主导管理思想的虚拟团队。这一风险的存在往往会引发恶性循环：投资者为规避风险，急于尽快收回投资，不惜采取短期行为；而管理者迫于投资者的压力，施压于现有员工，这又会加速员工的离开。

消除虚拟团队中的恶性循环，最理想的方式是改变员工的角色定位，就是把他们从"劳动者"的角色转换为"会员"角色。作为会员，他们须签订会员协议，享有相应权利并履行相应义务，更重要的是参与管理。例如，如果会员反对，俱乐部是不可以拍卖的。虚拟团队员工的会员化，道理完全一样。成为会员后，员工的归属对象就不再是某个"地方"，而是某个"社区"。这种情况下，对虚拟的社区他们也会产生归属感。"劳动者"转换成"会员"，虽然不等同于把所有权拱手让渡，但这一改变无疑会削减所有者的权力。因此，股东的角色也须相应地从"所有者"转换为"投资者"。他们追求回报，但同时又要承担风险。另外，他们也不能越过会员转卖公司，或是轻易向管理层发号施令。虚拟是无形的，而管理的转型却实实在在。不难预计，谁能顺利地实现这一转型，谁就能在知识经济的新一波发展中抢占先机。

三、企业虚拟化

信息科技的迅猛发展，使得虚拟企业在知识经济时代大量涌现。企业的虚拟化问题因此受到普遍关注。

（一）虚拟的概念

组织间和组织内各部分相互沟通、协调的方式是组织结构的重要内容，信息技术作为一种低成本的控制手段降低了交易成本，促使企业和外部企业组成一些各自独立的组织，为实现一定的目的而暂时组成某种同盟，或松散或相对紧密，由此可以克服单个企业在空间和时间上的局限性。这是一种能保持集中和分散活动协调统一的组织形式，企业之间的合作关系可以突破传统的、长期的、固定的模式，通过网络并应用现代信息技术进行分散的、互利的合作。这种发展的趋势就是组织的虚拟化。组织虚拟化后成员间的合作关系往往是在一个项目完成后即告解除，成员则根据自身的资源禀赋和市场机会重新组合，采用这种组织形式的企业即为虚拟企业。企业的虚拟化是通过组织内、组织间高度的网络化形成的。网络使企业把员工与员工、员工与客户直接联系在一起，减少了传统企业通过上下级构成的纵向和部门间的横向联系环节，使企业组织本身成为"空壳型组织"。

（二）虚拟化浪潮

在世界范围内，企业正在掀起一股虚拟化的浪潮，进行分散化、裁员、建立联盟以寻求技术与组织的创新。为什么虚拟企业的思想这么诱人？这是因为人们已经开始相信科层组织的弊端可为柔性组织所改善。实际上，虚拟企业是战略与结构的有机结合，它既是一种企业间的暂时组织形式，也是企业有效的竞争战略之一，或称战略联盟。不同的成员企业通过组建虚拟企业，可以各自发挥竞争优势，共同开发一种或几种产品，最终把共同开发的产品迅速推入市场。成员公司共同分担所有的成本费用，并分享先进技术。虚拟企业与传统的企业组织形式相比较，明显具有松散性、灵活性、生命力强等特点，而且虚拟企业的联盟，突出的是技术联盟。但企业间要结成技术联盟，必须具备一定的条件，即企业需要有核心技术、企业优势具有互补性，要有一个果断高效的决策机构。

不难看出，以虚拟企业作为目标组织模式的企业组织创新的本质有两个方面：一方面是通过市场机制来激励企业的创新行为和实现对环境变化的快速响应。虚拟企业利用市场来协调它们的大部分经营活动，可以迅速完成开发、制造、市场化和服务等一系列环节，而这是以往的传统企业难以做到的。另一方面则是借助外部环境中的组织资本来实现自身组织资本的增值。虚拟企业可以充分利用外部的人力资源和组织资源，实现资本的快速增值。不要幻想本行业的精英都在本公司工作，要利用外部资源，最好的方式就是将企业虚拟化。正是这两个方面的优势，使得虚拟企业成为许多企业组织创新的理想目标模式。

（三）虚拟化须慎行

从企业核心能力成长、组织学习和知识管理的角度看，虚拟企业的激励和效率优势同时也是其弱点。激励增加的同时风险会增大，而且随时间的推移和范围的扩大，通过市场调节所得到的效率也会越来越低，更重要的是，导向那种过分依赖虚拟企业的组织创新，或会严重损害企业固有的组织学习机制和知识共享机制，从而影响企业核心能力的培育和成长。因为，在企业努力寻求市场关系代替原有的组织关系以增加组织的柔性和灵活性的同时，极容易失去另一种柔性和灵活性，即来自组织视野的认同和组织学习的柔性与灵活性。企业外部环境的变化总是通过各种途径显示出来的，而且这种变化更多的是通过企业的文化子系统或隐含的学习过程表现出来，并且会在整个企业系统内进行传递。如果过分关注虚拟化而不注意企业核心能力的完整性，将使与核心能力有关的辅助或次要功能市场化，那么，以文化为纽带的次级子系统和非正规调节子系统就会失去或难以发挥其应有的作用，造成创新过程中学习循环的中断，严重影响组织知识的有效积累。这种情况的出现，是因为在相当程度上忽略了企业组织创新的隐过程。因为，即使将结构与战略联系在一起，从战略联盟的角度来考虑虚拟企业的创新过程，往往也仅是从操作子系统和正规调节子系统出发，侧重产品和技术战略进行有关导向虚拟企业的结构调整，而没有从与文化子系统乃至组织视野相结合的角度，来全面考察战略、结构与文化的创新过程和孕育其中的学习过程、知识管理过程，以及它们与企业核心能力之间的关系。应根据虚拟企业主要是一种以技术为核心的战略联盟的特点，有针对性地分析组织通过虚拟企业进行的技术创新类型和企业学习机制特点，进而决定企业的虚拟程度。

（四）虚拟的时间节点

企业虚拟经营不是为了赶时髦，更不是为了虚拟而虚拟。当企业发展到一定阶段，成长到一定时期，就有必要虚拟。善于选择虚拟经营的时机，是摆在企业面前的一个重要课题。那么，到底什么时候选择虚拟经营呢？具体分析如下：

1. 亏损严重

企业所从事的业务出现较为严重的亏损是企业需要考虑虚拟经营的首要信号。企业发生大的亏损，表明企业运营成本过高，此时企业就不宜固守成规，而应该大胆地尝试虚拟经营，以降低成本，提高收益。

2. 战略调整

企业的经营战略有重大调整也是企业考虑虚拟的重要信号。

比如，企业认为没有必要把太多人力、物力投放在生产环节，或希望在新技术的研究和开发上做更大的投入，争取在将来的竞争中抢占有利地位。未来的经营中，虚拟经营将会在配合企业重大战略决策中发挥越来越大的作用。

3. 竞争激烈

随着世界经贸格局的进一步形成，市场竞争空前激烈，以国外品牌和中国诸多新创品牌为代表的众多厂家、商家加入竞争的行列，使竞争从激烈走向残酷。企业要安然自保，就须"大隐隐于市"，通过虚拟经营来应对过于激烈的市场竞争。

4. 虚拟的原则

在正确地选择虚拟经营的时机之后，就要解决如何虚拟的问题，即企业到底哪些部分是应该虚拟的。对不同的企业而言，答案是不一样的。在对虚拟环节进行决策时，应着重把握好三个原则。

（1）标准化原则

所谓标准化原则，是指虚拟的环节是标准化处理的，已经有了统一的技术、性能要求，而且，达到这一要求的工艺、技术也已经是众所周知的，一般的企业都能生产达到要求的产品。也就是说，企业与市场共享的那部分或环节不宜包含特别的技术诀窍。如果企业经营的某个环节或产品的某个部件能够符合上述要求，就可以考虑虚拟经营。

（2）强化竞争优势原则

企业要通过虚拟经营，加强自身的竞争优势，使有限的人力、物力、财力投入最能提升竞争力的领域。有所不为，才能有所为。虚拟的目的就在于：做价值链上含金量最高的部分，只要虚拟经营对提升竞争力是有益的，就可以去做。

（3）规模经济效益和灵活性原则

虚拟经营要能给企业带来规模经济的好处和增加企业的灵活性，如果虚拟经营不够经济或在产品质量、技术要求等方面受制于人，降低了企业的灵活性，就不宜实行虚拟经营。换句话说，虚拟经营要能使业务获得更好的规模经济效益及更大的灵活性，才有利于巩固保持企业在市场中的领先地位。

（五）虚拟的程度

怎样虚拟，虚拟到什么程度，对成功达到虚拟经营的目标都是十分关键的。虚拟经营绝不是越"虚"越好。

1. 品牌不能"虚"

品牌是企业在市场中赖以生存的标志，是企业标志自身及其产品的标签，所以，它是企业避免同质化竞争的最后一道屏障，是企业最有价值的资产。企业在虚拟经营中，如果连品牌都虚拟了，将是十分危险和得不偿失的。

2. 核心专长不能"虚"

通过虚拟经营，将集中力量进行企业所专注的技术研发、产品设计、品牌推广和市场营销业务，生产和供应可能就会交由市场去负责。这样做的目的，是将含金量最小的一部分，如生产环节虚拟化，而含金量最大的研发仍由企业控制。这就需要企业认清其价值链。虚拟是建立在对自身价值的清醒认识和准确把握的基础上的。核心价值环节留在公司内，其目的就是要做价值链上企业最擅长的部分。如果将核心价值环节虚拟经营，企业无疑将丧失核心竞争力。

3. 虚拟经营应该"虚""实"结合

企业在选择进行虚拟经营时，最好与"实"体互为补充，互相依托，发挥"虚"与"实"的综合优势。例如，许多全"虚"的电子商务网站连年亏损就是很好的反面教材。因此，虚拟经营要高度重视"虚"与"实"的结合问题。

四、柔性管理创新

柔性是知识经济时代组织结构形式的一大特征。柔性是一个多维的概念：需要灵活性与多面性；与变化、革新和新颖相联系，与稳健性和复原力相联系；预示着稳定持续的优势和善变补强的能力。柔性强调组织内部具有参与外部变化，对意外的变化不断反应，以及适时根据可预期变化的意外结果迅速调整的能力。换言之，柔性强调适应需求变化的能力。有着强烈创新诉求的知识型组织，其结构是怎样的呢？这里无法给出具体的组织结构形式。具体的结构形式是由每个组织根据自身所有因素（包括其特定环境）在实践中加以设计的，这是个实践性很强的问题。企业既需要为提高员工的创造力创造环境，又不致造成混乱；既希望员工参与决策，发扬团队精神，又希望他们偏爱自己的工作专业；既需要专注于工作的员工，以团队形式工作，又不希望他们漫无目的地因事先未讨论而偏失方向；既强调容易考核的短期利益激励方式，这样员工就会努力完成有挑战性的工作，又重视企业对其长期激励机制的培育，从而使他们始终处于充满创造力的环境中。

（一）扁平

基于知识创新的组织结构将趋于扁平化发展。

所谓"扁平"，即意味着组织的中间管理层较少。这一结构特征是与其他结构特征相关联的：一个组织若规模庞大，它所需要的中间管理层必然较多。为了适应变化及保有灵活性，组织一般应尽力保持较小的规模。除了这种关联性原因之外，组织呈现扁平外观还有更深层的原因：扁平结构减少了决策与行动之间的时间延迟，加快了对动态、变化的反应，从而使组织的能力变得柔性化，反应更加灵敏。减少层次和压缩规模缘于降低成本的需要，当然也反映了信息和通信技术对管理的冲击。中层管理的作用是监督他人，以及采集、分析、评价和传播组织上下与各层次的信息。但是，它的功能正随着电子邮件、声音邮件、大数据等技术的不断发展而减弱。而减少层次的潜在效应，即加快个人与小组对竞争与市场变化、更大跨度的管理幅度、增加的工作量和更广泛任务要求的反应。

（二）反转

组织结构的另一新趋势是"反转"。"扁平"是指组织的外观，而"反转"是指管理者与被管理者之间的内在逻辑关系。这在很大程度上是由知识型组织资源要素的特征及其工作方式决定的。知识型组织的个体是专业人士，决定组织行动的许多信息不是来自管理者，而是来自基层的专业人员。在一个世纪以前，知识都掌握在企业领导手中，其他人只不过是充分帮助和劳动，按照指令行事，做着重复性劳动。在信息型组织中，知识却主要体现在基层，体现在专家的脑海里。这些专家在基层从事不同的工作，自主管理，自主决策。这样，在知识型组织中，管理的职能发生了改变。"管理就是服务"成为必然，组织管理的角色是提供服务，而非发号施令，是清除障碍、开发资源、提供咨询、支持和帮助建立新的文化等。"反转"正是指知识型组织结构中管理与管理对象的这种内在逻辑关系与传统组织的倒置。

（三）橄榄型

为引导创新，企业的研发、生产和营销职能的比例结构须进行合理的设计。从整体上说，就是从橄榄型到哑铃型的转变。橄榄型组织结构是"两头小、中间大"，哑铃型则是"两头大、中间小"。橄榄型结构普遍存在于传统企业里，具体表现为技术开发能力小，营销能力小，而制造能力却很大（尽管其产品可能不是适销对路的）。有限的资金和人力，主要被用来购买设备、建厂房、招工人，以提高制造加工能力，但这种结构的经济效益比较低，因为产品加工环节投入多而附加值小。

（四）哑铃型

哑铃型的组织方式则将重点置于市场与研发。组织的构成单位从职能部门转化成以任务为导向、充分发挥个人能动性和多方面才能的过程小组，职能性工作外包使企业的所有目标都直接或间接地通过团队来完成。企业可以随时把握战略调整和产品方向转移，进行内部和外部团队重组，以战略为中心建立网络组织，通盘考虑顾客满意和自身竞争力的需要，不断进行动态演化，以对环境变化做出快速响应。这样的结构可以使企业把更多精力放在研发、供应链和客户关系管理上去，使内部变得简洁、高效，其两端具有很大的向外扩张的能力，组织的边界就不断被扩大。在建立起组织要素与外部环境要素互动关系的基础上，向顾客提供优质的产品或服务。为了保证技术持续领先，企业可以硬性规定从每年的收入中提取一定比例用于技术开发以研制换代产品。这种做法可以集中人力物力，取得重点突破。因而，哑铃型较橄榄型结构更易催生企业创新。

（五）超越矩阵

矩阵结构又称"规划－目标"组织结构，它是在直线制结构的基础上，再加上一种横向的管理系统，将按职能划分的管理部门与项目小组结合起来，使同一小组的成员既与原来的职能部门保持组织和业务上的垂直联系，又与项目小组保持横向联系，形成管理矩阵。矩阵结构克服了传统组织中各个职能部门间相互脱节的现象，一定程度上促进了组织内部信息的交流和传递。

但是，对于需要更通畅的信息交流及更灵活机动的知识型组织，矩阵结构依然存在缺陷。知识型组织未必需要一个正式的矩阵结构达到信息沟通的目的，正如德鲁克所言："未来信息型组织肯定要超越矩阵形式，而且有一点很清楚：它需要高度的自律，并更多地强调个人在人际关系和沟通交流中的责任。"超越矩阵的结构依据鼓励创新的原则而设计，它的特征可以概括为：松散的边界、跨部门的通路、灵活的任务分配、开放的信息系统和使用多学科的项目团队。

许多知识管理专家认识到，组建小规模的项目小组或许是实现超越矩阵的途径之一。这种项目小组根据解决特定技术问题的需要进行组建。小组的规模和要素配置都因需而定，任务结束可以自动解散。小组成员间的关系，不同于工业组织中直线制的"等级–命令"关系，也不同于矩阵结构。它在组织图中通过多条虚线或实线来表示。小组成员之间是平等的关系，组织良性运转所依赖的是一种基于科学评价的技术权威分层体系，成员对权威的服从是自愿的。

（六）非正式组织结构

此处要讨论的是无形组织对知识型组织结构的影响。非正式组织存在于正式的组织中，著名的霍桑实验引起研究人员注意的即是该组织中的非正式组织。非正式组织是指在工作中联系起来的人群，但这些联合体并没有被正式组织的蓝图明确指定，所以它意味着在工作环境中的自然分组。

科学社会学的研究表明存在两种主要的非正式科学技术组织形式：一种是由一些具有共同学术思想的科学家组成的，另一种则是由被称为"无形学院"的科技非正式组织组成的。后者在其运作过程中形成了一种特殊的分层结构，它是基于组织成员所获得的"承认"的不同而形成的等级体系，这种"承认"主要是根据科学家成果的质量和数量，即由他对科学共同体所做的科学技术上的贡献而获得的。由"承认"不同而形成的等级体系，不同于由权力和财产不同而形成的等级体系，它在本质上是一种权威结构。权威的行使和对权威的信仰、服从，完全是建立在双方自愿的基础之上的。这种自发形成的等级体系结构在许多方面都适合科学技术活动的需要，它理应引起对正式科技组织进行设计的重视。

1. 可以将这种无形的结构体系外化为正式科技组织的有形结构。比如，正式科技组织的正式结构的领导中心数量与相对地位、等级层次的多少与幅度等都可以根据在一定程度上对非正式组织结构模拟得出。

2. 可以直接利用这种无形的组织结构力量。如果能清楚地意识到这种无形组织的力量发生作用的条件和效果，那么在正式组织的某些范围内，就可以有意识地直接利用。从外观上看，科技组织就是无结构的，它依靠无形结构来运转。当然，在何种程度上能够利用无形的组织结构力量，既依赖对这种力量的全方位认识，也依赖正式组织的具体情况。

3. 如果认识到科技组织中无形组织的作用，就能更好地认识到正式的科技组织力量的范围。进行正式组织结构设计时，就须思考，应该怎样使正式组织结构适应于非正式组织。组织需要协调相关资源并完成组织目标，除了正式组织内部成员之间的有效联系，成员与组织外无形组织的联系也是必需的。这种联系的广泛存在就意味着正式组织边界的模糊和内部正式结构的松散。

第三节　组织结构网络

企业组织形式的选择从根本上讲是为了获得一种有效的协调机制，它的存在旨在引导人、财、物的合理流动，以最低的成本达到企业的生产经营目标。因此，采取什么样的企业组织形式在很大程度上受到协调技术的限制。信息沟通方式的革命将彻底改变企业内、外部传统分工协作的组织结构。当进行内部交易，即在公司的边界以内进行交易较为经济时，企业组织的规模就会增大，但降低的沟通成本将把集权的等级管理结构改造为系统控制的网络结构。当与外部进行交易，即在公开市场上同独立企业交易较为经济时，企业组织则会维持在较小规模或者进行必要的收缩。随着知识经济的到来，新的信息技术使我们能够回到前工业时代的小企业组织模式。但是，现时的小公司已经可以享受大公司的许多益处而又不牺牲其灵活性和创造性。在社会分工越来越细的知识经济中，如此众多的小企业就构成了庞大的网络。

网络是各种行为主体之间在交换、传递资源活动过程中发生联系时而建立的各种关系的总和。它广泛存在于企业内外，在升级人们对组织结构理解的同时，释放出了令人震惊的能量。网络的类型有多种：如果强调行为主体是企业，则可称之为企业网络；如果强调网络中的活动是为了创新，则可称之为创新网络；如果强调知识、技术资源，则可称之为技术网络。但实际上"网络"这个概念本身范围是非常宽泛的，如社会网络等。它的概念甚至已超出了组织结构（如因特网）的范围，而被看成一种广义的协调方式。企业要不断创新，知识和技术上的传递与合作是关键，这时，网络便是为了适应环境而建立的一种组织形态。企业网络的形成，是对高风险、高不确定性市场环境的一种回应。由于知识领域的风险和不确定性更高，所以企业网络的形成就更为普遍。

一、以员工为节点

在高效创新的组织之内，员工的关系须重新定义。要强调每位员工在贡献智慧方面的作用，层层命令、控制的关系必须改变。组织绩效的提升，重要的是员工观念的更新、智力的激发与知识的不断学习积累，即采用恰当的组织关系把员工的智慧综合发挥到极致。管理者与员工之间不仅仅是等级链条中的上下级关系，每位员工还都应该是一个资源中心，类似于网络中的节点，可以和其他节点自由地交流。

（一）客观的要求

员工是资源，企业要通过他们延伸触角，与社会建立绵密的关系网。同一企业的员工间应是战友与合作者的关系，某些企业士气低落的原因在于管理者割裂地看待员工、产品与市场，未能让员工真正参与其中并与企业共同成长。

以员工为节点，则可将企业指数级的发展从梦想拉到现实。

1. 默会性的要求

知识的可交流性实际上决定了组织采用何种结构。首先，知识可交流性的程度越高，中间的治理结构就越倾向于松散型，反之则紧密。如果无法交流，知识完全是默会的，治理结构就是一体化的组织。其次，当知识的默会性和专用性增强时，默会性的特点决定了它不能一次就被传递，这就要求交易双方必须重复多次交易并且双方愿意努力互相合作而不加保留。专用性的特点决定了合作双方的联系紧密，双方合作满意能带来协同效应、系统效应；反之，则双方的价值都会有较大的折损。总之，知识的默会性和专用性增强时要求组织能提供更好的合作环境，使员工乐于交流信息。这时，或许只有网络这种功能强大的结构模式，才能更容易地使知识有效地传递和交流。同时，默会性和专用性的要求也意味着网络对有形个体依赖的重要性。可见，网络的节点势必为员工。

2. 价值链的要求

企业的任务是不断创造价值。企业创造价值的过程，是由一系列互不相同但又相互联系的增值活动组成的，它包括研究开发、设计试制、原材料与设备采购、产品生产、运输、仓储、营销、服务等环节，这些环节形成一个完整的链状网络结构，即价值链。在知识经济时代，企业价值链其实就是一条知识链。传统观念认为，人只是填充固定工作岗位的可替换工人；而新的管理理念则把人看作具有独特竞争力的知识节点。只有激活每一个节点，只有善于开发员工的智慧与潜力，企业核心能力才能持续提升。从管理角度看，企业应首先把员工意识与企业的管理哲学、管理行为联系起来，建立一种从员工角度出发的网络管理体系，把握知识创新的机会，提供激化知识创新的氛围。即在个体层面上保证企业平稳运行的同时，不断接近创新。

3. 人性管理的要求

现代社会中，企业是由若干个体组成的有机统一体，这些单个的分子对企业的发展会产生或多或少的影响。企业可以从深层次上来调动员工积极性，提升其素质，发挥其创造潜能。这种积极性的调动不是依靠单纯的物质刺激来完成的，而是在对精神需要和物质需要双重满足的情况下借助制度建设和机制安排来完成的。受到普遍推崇的人性管理方法突出重视人存在的观点，包括重视人的参与、学习等方面的要求，其实质就是把员工看作高于利润的重要存在。以重视员工的存在为中心，去安排企业管理。员工只有不断被证明是存在的，才会产生接受组织目标和理念的义务感。而员工存在又应当如何得到公平与最大价值的体现？恐怕答案还是在建构个体节点的网络之上。

4. 有机企业的要求

企业不是无生命的生产经营工具，而是一种虚拟的生命活动；它不仅是一个社会组织机构，还是带有自然属性的有机生命现象。当企业试图由上而下地强制贯彻适应性变革计划时，效果往往欠佳。而在有机企业中，适应性变革源自企业全体成员求生存的本能，根植于企业管理层与员工之间相互信任、相互扶持的有机契合。在这种企业氛围中，员工受到鼓励去承担责任。毕竟他们才是最经常与客户见面并交流的人，与供应商并肩共事的人，以及生产出公司产品的人。当然，也只有他们才是最清楚企业问题所在的人。所以，只有他们真正地行动起来，"推行变革以适应环境"方可真正落地。这种以员工为节点搭建起来的有机企业能够顺应市场发展的趋势，快速处理信息，领会其中隐含的危险或机遇，并及时采取恰当的行动，从而在新的动态竞争环境下持续创造优势。

（二）企业的选择

如果把企业间的互动视作以企业为节点，那么它的运作就是按部就班的，或是中规中矩的，也完全有可能是循规蹈矩的。官僚机构时代要求员工公私分明，八小时内外分明的做法事实上压抑了员工的激情与创意，也限制与束缚了企业的进步与发展。如果把视角切换为以员工为节点的互动，企业就会惊喜地发现诸多市场与创新机会。如是行之，结合股权等激励举措，企业就会越发感受到员工才是企业最宝贵的财富。

1. 制造型企业

制造型企业所需要的是一个包括顾客在内的开放系统；能够及时收集和处理市场信息的系统；需要建立客户服务部和快速反应部队，按照客户需求进行开发与生产；需要制定一个涵盖顾客的经营战略，而不是让有限的相关人员闭门造车。如何探测产品的市场效果，客户的意见和信息如何被快速反应，答案是功能强大的员工网络。

2. 销售型企业

员工是企业与市场联结的节点，人力资源工作的核心是绩效，人力资源之于企业几乎就意味着工作绩效。"抓大不放小，拓展客户群"是许多企业的市场策略。在倾力争取大客户的同时，公司深知其利润由众多节点构成，所有客户都要经历成长期和培育期。如果可以发动员工参与到这些节点中去，并以他们为节点施以激励、控制，企业将以线性的投资换取指数级的回报。以订单方式链接为数众多的节点，构造覆盖企业、员工和客户的利益共同体，同时可在中短期内达到规模扩张的目的，并以此为稳定的资金来源，更新改造设备，创新技术工艺，实现企业增效和员工增收的双赢。通过员工招商引资，特别是针对货量少的客户提供服务，不仅可以降低企业成本，更能赢得客户，使长期、稳定的小客户连年增多。

3. 服务型企业

服务型企业须保证高水平的服务质量，在多数情况下，这意味着权力分散，管理层次减少，管理方式灵活。在多样化、复杂化、个性化的顾客需求的强力驱动下，市场上企业间的竞争日趋激烈，每个竞争者都努力抓住转瞬即逝的市场机会。在如此快速多变而又充满不确定性的市场中，组织结构面临的挑战是使其保持弹性与自适应性，从而把握市场中多变的商机。当企业关注的重心聚焦到客户的完整体验时，组织结构才能说是成功的。这意味着，公司要能够提供优秀的信息系统，使客户能够从单个接触点上获取完整的信息。这还意味着，公司要甄选出能够反映客户满意度的绩效考核标准，并把激励措施与这些标准挂钩。可见，企业成败始终离不开员工这个节点。

二、企业集群

企业的创新资源在一定程度上会受到时间和地域等因素的限制，表现出动态性、变化性和有限性，所以，仅依靠企业自身有限的资源来开拓创新，难免会遭遇弹尽粮绝的尴尬境地。企业集群是指在某一特定领域中大量联系密切的企业和相关支撑机构在空间上的集聚，并形成强劲、持续竞争优势的现象。企业集群的生成源于同类型企业的选址决定。虽然个人的行为是有意识和有目的的，但是大量的例证表明人类行为认知具有局限性，对认知和信息收集过程具有重大影响力的社会因素决定了新企业的形成或选址。

（一）行为生态学特征

企业集群具有类似于生物种群的若干行为特征，主要表现在四个方面。

1. 互惠共生

在生物群落中，互惠共生是指两物种相互有利的共居关系，彼此有直接的营养物质的交流，相互依赖、相互依存、双方获利。在企业集群中互惠共生的各方尽管分离后能够独立生存，但如能在某种方式下紧密结合，通过功能互补，可以创造更广阔的生存发展空间。知识包括技术、信息、经验等，这些知识一旦被创造出来，拥有的人越多则扩散的速度越快，为企业带来的利润空间就越大。企业技术学习能力和创新能力的提升，并不只是企业个体的行为，而通常是在本地企业集体所构成的创新网络环境中，通过生产联系而得以实现的。从经济学的角度来看，企业集群可以带来外部经济，包括外部规模经济和外部范围经济。不同企业分享公共设施和专业技术劳动力资源，可以大幅节约生产成本，优化企业之间的分工和生产灵活性。从社会学的角度看，企业相互靠近，可以在长期交往中，逐渐建立起人与人之间的信任关系和保障。这种信任关系的社会制度和安排，会为企业积累社会资本，降低交易费用。特定产业的空间集聚有助于加强企业的本地化联系，获得研究开发、人才、信息等方面的外部经济和集体效率，帮助企业从低价竞争的陷阱中走出来，进入创新的轨道。

集群的发展有利于吸引更多的企业加入，促进新企业的建立，从而形成更大规模的集群。一方面，良好的创新氛围、激烈的竞争环境以及完善的配套体系，使集群在吸引新企业进入时具有竞争优势；另一方面，地理集中性和良好的外部环境，不仅鼓励产业新手的出现，也有利于现有企业的增长和规模的扩张。在集群形成后，不仅使吸引来的工厂根植于本地，还使很多新创企业在本地繁殖成长。集群规模的不断扩大，使集群企业的整体发展速度远远超过孤立的企业。集群内新业务的形成与共享使规模经济成为集群发展的主要动力。一个扩展的集群可以增强所有上述利益竞争性资源的总量，这将使集群内的所有成员受益。其结果是，相对于其他地区的对手而言，集群内的企业发展得更快更好。

2. 协同竞争

在生物群落中，有机体既竞争又协作，从而促进相互依赖和协调。同一种群的不同个体之间为争夺有限的资源进行竞争，而在抵御外敌时又采取协作行为，最终促进了生物群落的平衡发展。集群中的企业是以专业化分工与协作为基础的，类似于一个生态系统，集群是一个有机的、相互作用、相互依存的社会。正如生物种群一样，竞争在企业群落中普遍存在，使得企业个体始终保持足够的动力以及高度的警觉和灵敏性，在竞争中发展壮大。企业彼此在地理空间上的接近使它们更加熟知对手的情况，由于企业间竞争的加剧，后入企业更容易模仿先入者，而先入企业为保持竞争优势会更努力创新。尤其当一个强有力的新竞争者出现时，模仿效应会使新竞争者的新思想迅速产生前向、后向、侧向的联系，集群企业可以因那些先进企业的竞争而提升其竞争力和创新力。

企业集群虽然加剧了竞争，但这种竞争并不排斥企业间的合作。竞争对手为赢得和保留客户要进行激烈的竞争。如果没有激烈的竞争，集群就会走向失败。竞争迫使各企业不断降低成本，改进产品与服务，追赶技术变革的浪潮。企业群居一地，竞争对手毗邻而居，企业永远不能满足，必须不断进取。竞争的结果由零和博弈转为正和博弈，竞争者为了不断地从对手那里得到信息和激励，不断地改进管理，以更加有效的方式组织生产，不断地发现新的市场机会。竞争并不仅表现为市场的争夺，更多地表现为追求卓越的压力。在不断的技术创新过程中，难言一家企业独立完成一件产品的研究与开发。同时，企业要应对复杂多变的外部环境，也必须与其他企业结成网络，共同解决问题。与竞争的同行交流合作，共同分享本行业的知识与信息，这不仅是可能的，也是必需的。竞争对手不是敌人，而是伙伴。因此，协同竞争是集群企业创新的显著特点。竞争的结果是：各个企业不断创新，集聚的企业比其他单打独斗的企业更具有竞争优势，更容易进入行业的前沿地带，同时使整个集群的竞争能力得以提升。

3. 领域共占

在生物群落中，动物为了个体和群落发展的需要，通过领域共占，共享食物、信息来提高抵御外敌和延续自身的能力。创新资源主要包括人才、资金和技术等，创新资源越容易获取，创新越有优势。在创新过程中，创新资源不足是制约企业创新的关键因素。众多相互关联的企业聚集在一起形成集群，进行集群式创新，可以实现创新的资源共享、优势互补，克服单个企业创新资源不足的缺陷。知识的溢出效应使得企业更容易获得相关技术。创新资源的便利可大大降低企业成本，提高其竞争力。集群内的个体可以利用共同的交通、实验基地等基础设施，分享共同的信息资源，拥有共同的专业人才市场，共同吸引风险基金，相互利用对方的创新特长，互为创新成果的传播者和使用者。

集群使得衡量和比较公司业绩更为便捷。因为集群企业是在相同的环境下经营，如劳动力成本和当地市场渠道一样，同时它们还从事相似的经营活动。集群企业都非常熟悉其供货商的生产成本。管理者也可在成本和员工表现方面与其他企业进行比较。企业集群形成过程的实质是一个网络外部化的过程，只不过这里的网络外部化不是体现在产品需求上，而是体现在企业的区位决策上。集群发展是组织间相互依赖、相互促进的一种企业成长模式，是企业受利益驱动的创业和市场化的成长过程。从这一视角出发，可以更深入地理解企业集群的实质和发展问题。当大量的企业进入特定行业而形成区域的企业集聚时，其区域规模经济效应将吸引更多的专业人才、技术和资金的进入，由此进一步强化企业集群，优化其共生领域。

4. 结网群居

在生物群落中，有机体或生物种群以亲缘关系、互惠关系为基础，聚集于某一地理区域内，在适当的环境中结网群居。企业集群实际上是以产业关联为基础，以地理靠近为特征，以设施配套、机构完善为支撑，以文化融合为纽带的区域创新网络。集群内广泛积累了市场、技术和竞争的信息，集群成员优先获取这些信息。另外，个人关系和社会联结能培育信任，促进信息的传递。所有上述条件都有利于信息的传播。在有活力的集群内，公司可以充分利用现有的各种专业化、有经验的员工，从而降低其在招聘过程中的搜索成本和交易成本。因为，每一个集群都意味着机会的存在，能减少重新安置员工的风险。

一个发展状况良好的集群即一个深层次、专业化的供应商基地。企业就地取材而不是从遥远的供应商那里获取资源，可以降低交易成本，这有助于降低存贷款需求，减少进货成本以及避免生产延误，而且其本地声誉可以起到重要作用，有助于降低供应商抬高价格或违约的风险。地理位置的相近性有利于改善通信联络，有利于供应商提供辅助性服务。因此，如果其他条件相同，就地采购比从远处采购更为方便快捷，即使某些投入要素须从远地获取，集群也仍然可以提供某些优势。那些致力于抢占一个广阔而又集中的市场的供应商，将会使其定价更具竞争性，因为他们知道，其做法能够实现营销和服务的高效率。每个集群总是在持续不断地提高其在某个地区特定领域的声誉，这一行为使得买者转向卖者聚居地的可能性更大。此外，集群成员还能从大量的联合营销机制中获益，如商品交易会、贸易杂志以及营销代表团等。互补性使客户倾向于购买集群的产品，因为他们有众多的供应商可供选择。

（二）集群与创新

集群化实际上是在催生一种新的创新模式——集群式创新。从概念上来看，它是指以专业化分工和协作为基础的同一产业或相关产业的企业，通过地理位置上的集中或靠近，产生创新聚集效应，从而获得创新优势的一种创新型组织形式。借助这种组织形式，集群内的企业既可以发挥自身的创新活力，又可以弥补单个企业创新资源不足的缺陷。因此，集群式创新是企业进行技术创新的一种有效组织模式，而其影响主要体现在三个方面。

1. 提供氛围

知识是非常难以标准化的，特别是大量的隐性知识，只能通过非正式的、偶然的、面对面的，以及口头的方式交流和传播。这类知识的扩散成本较高，很难借助市场机制进行交换，须依靠非正式交流来进行。而且隐性知识的交换不是一次性市场的交易行为，它必须以相互信任为基础，建立在长期合作关系的基础上。隐性知识的重要性和传播与交流的困难使得创新活动在新时期面临新的困难。产业集群恰恰通过为隐性知识提供交换机制而解决了这一难题。产业集群内部企业地缘上的接近，以及集群内部形成的共有的亚文化，为隐性知识的获得和传播提供了极大的便利。在集群内部，企业之间相互信任，存在长期合作关系，各种非正式的、偶然的、面对面的，以及口头的交流方式是常见的。竞争对手乐于提供必要的帮助，并相信这种行为在未来会得到回报，这种交流方式使得在区域内聚集的企业和机构在创新方面可以获取独有的优势。此外，生产企业、供应商、用户在地缘上的聚集缩短了反馈回路。由于知识活动的外溢效应，地缘上的接近使得相互竞争的企业或者具有互补性生产活动的企业可以彼此受益。随着时间的推移，知识不断积累，技能在人员之间传递，集群内部的知识和技能逐渐成为集群内的公共知识。当管理者和具有专门技能的劳动力在区域内流动时，可以促进知识和技术的扩散。从整体来看，集群内部的共生机制为创新活动提供了一种其他组织模式难以获得的动力来源和传播途径，可以提高集群内组织获得创新资源即隐性知识的能力，从而极大地促进了创新活动的发展。

与传统市场相比，集群内的信息分布更广泛、更密集，多个参与者都进行创新，并通过信息的对接和企业间的互补依赖，形成知识传播的有利机制。集群是培育企业学习与创新能力的温床。创新是个体和群体共同参与的演化过程，它一方面是特定部门、特定技术的个体活动；另一方面也是一种集体行动，不同部门、企业之间的互动学习在其中起着重要的作用。企业创新所需要的知识部分来自企业内部，更多的新知识来自企业外部。集群内不仅存在大量有创新压力的企业和研究机构，而且拥有稳定的促进学习、交流和进步的共生机制。因此，集群为企业创新活动提供了合作平台，也为其提供了个体和群体两个方面的优势。与单个企业不同，集群创新能力的大小不仅取决于某个创新个体，同时也取决于产业集群的结构和共生机制，取决于集群内部组织间知识的生产与分配，取决于对基础知识的依赖和利用程度，更取决于完成创新并产生经济价值的整个系统。

2. 促进扩散

集群与知识技术扩散之间存在相互促进的增强关系。集群内由于空间接近性和共同的产业文化背景，不仅可以加强显性知识的传播与扩散，而且更重要的是可以加强隐性知识的传播与扩散，并通过隐性知识的快速流动进一步促进显性知识的流动与扩散。集群内由于同类企业较多，竞争压力激励企业的技术创新，也迫使员工相互攀比，不断学习。企业拥有更多现场参观、面对面交流的机会。这种学习、竞争的环境可以促进企业创新。集群内领先的企业会主导产业技术发展方向，一旦某项核心技术获得创新性突破，集群内企业很快会协同创新、相互支持，共同参与这种网络化的创新模式。事实证明，集群内知识和技术的扩散要明显快于非集群企业。

集群内部的压力包括竞争性的压力、同行之间的压力、持续不断的比较压力。企业间相互竞争就是为了彰显卓越。集群之所以持续创新，正是基于以上原因。企业彼此接近，竞争的隐性压力迫使其不断进行技术创新和组织管理创新。由于存在竞争压力和挑战，集群内企业需要在产品设计、开发、包装、技术和管理等方面，不断进行创新和改进。一家企业的知识创新很容易外溢到其他企业，因为这些企业通过实地参观访问和经常性的面对面交流，能够较快地学习到新的知识和技术。在集群中，由于地理接近，企业间密切合作，可以面对面打交道，这样将有利于各种新思想、新观念、新技术和新知识的传播，由此，企业能够获取学习信息，增强了其研究和创新能力。企业有共同利益基础（目标是实现长期共同发展），因而有利于营造一种创新的气氛。

3. 降低成本

由于地理位置接近，相互之间可以进行频繁的交流，这为企业提供了较多的学习机会，尤其是隐性知识的交流，更能激发新思维、新方法的产生。学习曲线的存在使集群内企业学习新技术变得容易且成本低。同时，建立在相互信任基础上的竞争合作机制，有助于加强企业间的技术创新合作，从而降低新产品开发和技术创新的成本。

集群化对企业创新的影响同时表现在需求与供给两个方面。从需求方面看，集群化可以促使企业在相关产业领域内培养市场优势，从而形成一定的规模效应，既可以吸引供应商，也可以吸引用户。当供应商为某些企业提供创新信息或技术时，同样也可以为集群内其他企业服务。由于一个发展完善的集群包括一些相关产业，这些相关产业通常能吸引相同或极其相似的要素投入，因此，供应商拥有扩张的机会。哪怕企业创新失败，退出的风险也相对较低。对用户而言，集群内大量同类企业的聚集，降低了用户的市场搜索成本，为用户与企业建立长期合作关系提供了条件，用户的聚集反过来又能成为主要的信息来源。从供给方面看，在同一地区聚集一群从事相同生产活动的企业，可以促进专业化分工的深化，专业化分工有利于在某一专门领域内练就较强的能力，培育知识基础。集群常常会成为创新过程所需要的产业独特技能或能力的聚集地。创新费用和压力可以分散到集群的各个组织中去。

三、网络技术

随着信息网络技术的不断发展，网络化、信息化已然成为时代趋势。企业的经营活动日益依赖互联网，网络技术成为企业竞争的利器和企业经营不可缺少的工具。可以说，对网络化机会的把握，将最终决定企业的命运。网络化管理提升了管理的技术含量，使其更为廉价、高效，突显出其巨大的优势。可以说，网络技术的发展既为人力资源网络化管理创造了良好的条件，又使人力资源的网络化管理成为必然。

（一）信息技术让"组织网络"名副其实

网络信息技术使组织内甚至不同企业间可共享信息，这进一步促使组织结构演进为网络组织。在网络组织中，关键活动由总部负责，其他功能则外包给个人或其他独立的公司，通过网络保持及时的沟通。信息技术作为一种便利的低成本沟通手段，使得部门间横向联系协作不再受空间距离的束缚，促使组织向横向组织变迁，使网络组织成为公司低成本扩张的工具。组织网络化描述的就是这种新型企业间的组织关系。组织网络化是以某一企业为核心，由相关企业联合而成的一种企业组织网络，网络中的其他企业可看作核心企业组织边界的扩展。由于计算机与互联网在管理中的应用，组织的信息收集、整理、传递和控制手段趋于电子化、无纸化，一线员工可以轻易地通过电子邮件直接与高层管理者沟通。

（二）一"网"就灵

现代企业管理必须面对复杂繁重的日常事务，如快速变化的组织结构、纷乱庞杂的资源信息、急剧膨胀的管理空间等，管理部门要想适应企业发展，发挥自身作用，从容应对挑战就必须转变原有工作职能和作用，从事务性工作中解脱出来，转向能为企业创造更多价值的战略性工作上来。而事务性工作的完成是实现战略性管理的基础和前提，因此必须采取一定的方法和手段，提高管理者从事事务性工作的效率，减少事务性工作占用的时间。虽然企业已经意识到管理部门角色转变的必要性，但现实中仍有很多企业的绝大部分日常工作围绕大量的事务性工作展开，而对人力资源规划、员工发展等战略性工作很少顾及。这种情况的出现，主要在于管理部门缺少能提高处理事务性工作效率的工具。网络化管理的出现，使得这一事务瓶颈被轻松突破。许多定量性的工作，如员工考勤、薪酬计算等，相对于手工操作，信息技术更为快捷准确，从而大大降低了这些工作所占用的时间。

这样一来，管理工作的技术含量得以提升，处理事务性工作的效率大为提高。诸如企业信息流分布更广、工作场所更分散之类的挑战也不再困扰管理者。

（三）节约成本

信息技术降低了信息传播、存储、处理费用，减少了组织内部的交易费用，在很大程度上取代了中间管理层。网络化管理的高效快捷使管理者成功实现了职能角色的转变。以网络化管理中的自助服务功能为例，传统管理者亲自处理一项业务已然使其大伤脑筋，一旦出现错误，让他跟踪并改正过来则将令其绝望。而采用自助服务技术，管理者只须关心更正的项目。如果错了，将由出错的员工自己去改正，纠错的费用也可节省下来。网络招聘、网上培训也会为企业节约不少费用。报纸上一期广告的价格往往不菲，而通常这笔费用可以在门户网站做一个月的广告宣传。网上培训，尤其是远程异地培训，更能节约大量的人力、物力和时间，知识信息的获取也更为容易和广泛。网络化管理可以节省的成本费用包括：员工名录（免去名册的印刷、邮寄费用并且压缩查询信息的时间），提交费用（实时提交），沟通费用（共享沟通平台，从而大大降低沟通费用），招聘费用（通过网络直接招聘，免去舟车劳顿），培训费用（差旅费、误工费等归零，师资费用可多期分摊），其他费用（避免雇用更多采购员、办事员或管理员）。

（四）秉公无私

数据库完整记录了员工的人事、考勤、培训、薪酬福利等各个方面的信息，系统可以方便快捷地获取各种资料进行统计分析，为管理者提供公正客观的管理要素决策支持，从而有效提升决策质量。就绩效考评而言，传统的考评方式存在种种弊端。例如，在经过一个较长时间的工作后进行绩效考评，被考评人的考评结果就更多地受到近期表现的影响。网络化管理可以对员工的工作表现进行全程观测，从而形成对员工工作行为的全面客观记录，为实现公平公正的绩效考评和根据考评结果制定正确决策创造了条件。

商品经济社会中，各行各业都要求快速度，如联系的速度、交易的速度，快人一步就会占尽先机，网络化管理为企业的发展插上了翅膀。对外界变化更加快速的反应，帮助企业在网络化社会的竞争中获得成功。可以预见，网络化管理将拥有越来越广阔的舞台，成为越来越多的企业不可缺少的管理手段。

四、企业网站

网络资源的最大优势在于快速、便捷、低廉、高效，且具有互动性。网络的发展为企业品牌的整合传播开辟了一条新途径。网络时代的迅速到来加速了企业销售、交流的网络化，促使了处于萌芽状态的虚拟团队、虚拟企业走进组织。网络就这样带给企业不分地域、不分国别的大量客户，引爆无限商机，也进一步梳理了企业的组织结构。在互联网时代，企业没有自己的网站犹如公民没有住址、商店没有门面一样。所以，企业拥有自己的网站等于在网络上增设据点，这个据点使更广范围内的客户都可以通过网络了解企业及其产品，打开企业的创新空间。在互联网上拥有一席之地，企业何乐而不为？

（一）公共关系

一般而言，企业网站不可能马上带来新客户、新业务，也不可能马上大幅度提升业绩。企业网站的作用更类似于企业在报纸和电视上所做的宣传公司及品牌的广告。不同之处在于企业网站容量更大，企业几乎可以把任何想让客户及公众知道的内容放入网站，从而可以全面详尽地介绍公司及其产品。企业网站是企业在互联网上的一面旗帜，直接反映了企业的形象与品牌。它好比一个超级推销员，具有企业画册、户外广告等所有宣传品的作用，而且具有互动性。企业形象及业务，将被位于地球任何角落的感兴趣之人浏览。通过网站，企业可以向新闻媒体和员工及消费者即时发布公司的政策变化，与新闻界建立友好的关系，也可以对招募人才产生重要的影响。通过网站，企业还可以及时纠正网上社区、论坛或邮件列表中关于企业的不准确信息，消除误导。

（二）客户服务

网站可以使企业与潜在客户建立商业联系，使潜在客户能够便捷地检索企业和产品，从而成为企业的新客户。对现有客户而言，网站可以提高客户服务的效率。它可以回答大多数客户经常提出的问题，及时得到客户的反馈信息，知晓顾客对公司产品的满意程度、消费偏好、对新产品的反应等并做出回应。通过回应顾客的问题，及时向他们传送公司新产品信息、升级服务信息等，保持与顾客的长期友好关系。能够及时发现不满意的顾客，了解他们不满意的原因，并进行妥善处理。客户也可以通过网站了解他们所关心的问题。企业还可邀请对公司产品非常了解的忠实顾客参与公司的网络运营，建立忠实顾客数据库，甚至邀请其参与公司的绩效考评。他们能帮助公司解决消费者提出的问题，回答一些技术上的问题，同时他们还会提醒企业哪些消费者会在网上发布对公司不利的信息等。

（三）运营管理

除去广告媒体的角色外，因特网还应充当企业扩展业务的工具。网站是企业的全天候业务代表，是企业忠实的接待员。企业网站就是一个 24 小时营业的业务门市，且永不拥塞。如果企业有一个精美、完善的网站，可以增加客户的信任感，同时可以使管理者在短时间内了解企业情况、产品信息、资质认证等信息，减少业务员的拜访次数，有效节约管理资源。企业可以实时、互动地发布资料，迅速进行信息管理，并借此控制企业的运营事项。网络化管理使信息流突破了部门限制而延伸到企业内外的各个角落，使得业务流程再造成为可能。各级管理者及普通员工也能参与到管理活动中。这些使得运营管理变得更为开放和超前，使企业决策和工作质量大为改善。员工有了更好的工作环境，沟通渠道更为直接和广泛，管理过程更为透明，信息获取更为快捷，这些使企业在进入良性运作的同时，也促使其竞争力不断增强。

（四）网络营销

网络用户是数量巨大的潜在客户群体。一般大客户的采购量会很大，所以他们也比较谨慎，会精挑细选，货比三家。如何低成本检索货源？答案是网络。公司网站为企业提供了被选择的机会，如果连网站都没有，企业则连被选择的机会也不具有。网站是企业开展网络营销的前沿阵地。虽然有很多商务平台能够为没有网站的企业提供产品信息发布、企业形象展示等服务，也起到了网络营销的部分功能，但这种商务平台外部依赖性强，不利于企业开展长期的网络营销活动。拥有自己的网站，企业才能有效开展各种具有针对性、时效性的网络营销活动，将网络营销落到实处。网站最令企业看重的就是它可以实现电子商务功能。企业可以在网站上嵌入实时新闻系统、实时报价系统、在线下单系统、在线支付系统和客户留言板、在线调查、客户论坛等。利用互联网进行市场调研可以跨区域缩短调研周期、节约费用。网站又是实现线上品牌推广营销的根据地，线下的广告、公关、促销等系列营销活动都可以结合网络同步进行，放大其效应。

第三章 绩效管理

第一节 绩效管理概述

绩效管理是人力资源管理过程中最重要的环节之一，也是组织强有力的管理手段之一。员工工作的好坏、绩效的高低直接影响企业的整体绩效。因此，只有通过绩效管理，确认员工的工作成就，才能整体提高工作的效率和效益，进而实现组织目标。组织建立员工绩效管理制度，设计出行之有效的绩效管理体系，是合理利用和开发人力资源的重要措施。现代绩效管理指标体系的设置和管理方法多种多样，组织只有根据自身的实际情况采用最合适的指标和方法才能实现最有效的绩效管理。

一、绩效的含义和特点

（一）绩效的含义

绩效具有丰富的含义，一般来说，是指一个组织为了达到目标而采取的各种行为的结果，是客观存在，可以为人所辨别确认。绩效又分为组织绩效和员工绩效。组织绩效是组织为了实现一定的目标所完成的各种任务的数量、质量及效率。员工绩效就是员工的工作效果、业绩、贡献。其主要包括完成工作的数量、质量、成本费用，以及为改善组织形象所做出的其他贡献。绩效是员工知识、能力、态度等综合素质的反映，是组织对员工的最终期望。

绩效是对工作行为及工作结果的一种反映，也是员工内在素质和潜能的一种体现。它主要包括以下三个方面。

1. 工作效果

包括工作中取得的数量和质量，主要指工作活动所实现的预定目标的程度。工作效果涉及工作的结果。

2．工作效率

包括组织效率、管理效率、作业效率等方面。主要指时间、财物、信息、人力及其相互利用的效率。工作效率涉及工作的行为方式，是投入大于产出，还是投入小于产出。

3．工作效益

包括工作中所取得的经济效益、社会效益、时间效益等。工作效益主要涉及对组织的贡献。

（二）绩效的特点

人力资源管理中的绩效指的是员工或部门的绩效，我们主要分析员工绩效。绩效具有多因性、多维性和动态性三大特点。

1．多因性

绩效的多因性是指绩效的优劣不仅受某一个因素的作用，而且受到多种因素的共同影响，是员工个人因素和工作环境共同作用的结果。绩效的相关因素，对正确设计和实施绩效管理有着重要的作用，这些因素主要包括：工作技能、员工的知识水平、工作态度和工作环境等。可以用下面的公式来表示：

$$P = f(S, K, A, E) \tag{3-1}$$

其中：P（Performance）代表绩效；S（Skills）代表工作技能；K（Knowledge）代表知识水平；A（Attitude）代表工作态度；E（Environment）代表工作环境。

（1）员工的知识水平

员工的知识水平与其绩效的优劣息息相关，在其他条件相同的情况下，有较高知识水平的员工通常能取得较好的工作绩效。

（2）员工的工作技能

工作技能指的是员工的技巧和能力，具有较高技能的员工往往取得卓越的工作成绩。员工的工作技能取决于员工的知识水平、智力、工作经历和受教育程度。在一个组织中，员工的技能一般参差不齐、千差万别。

（3）员工的工作态度

员工的工作态度是指员工的工作积极性和工作热情，体现为员工在工作过程中主观能动性的发挥。在其他条件相同的情况下，工作积极热情的员工一般能取得较好的工作绩效。员工的工作态度取决于主观和客观两个方面的因素。主观方面的因素有：员工的需要、兴趣、受教育程度和价值观等。客观方面的因素是：组织内人际关系、工作本身的挑战性、组织文化和竞争环境等。

（4）工作环境

环境包括组织内外环境。组织内的环境由工作条件、企业文化和人际关系等构成。组织外的环境包括组织所处的社会风气、政治形势和经济形势。

多因性的另一个说法是绩效的优劣受主客观多种因素影响，即员工的激励、技能、环境与机会，前两者是员工自身的主观影响因素，后两者是客观性影响因素。

2. 多维性

员工的工作绩效可以从多方面或多角度表现出来，工作绩效是工作态度、工作能力和工作结果的综合反映。员工的工作态度取决于对工作的认知态度及为此付出的努力程度，表现为工作干劲、工作热情和忠于职守等，是工作能力转换为工作结果的媒介，直接影响着工作结果的形成。员工的工作能力是绩效的本质来源，没有工作能力就无所谓工作绩效。工作能力主要体现在常识、知识、技能、技术和工作经验等几个方面。工作结果以工作数量、质量、消耗的原材料、能源的多少等形式表现出来。绩效的多维性决定了考评员工时必须从多个侧面进行才能对绩效做出合理的评价。

3. 动态性

绩效的动态性是指绩效处于动态的变化过程中，不同时期员工的绩效可能截然不同。

通常人们会遇到这样的情况：绩效差的员工经过积极的教育、引导和适当的激励后，会努力工作取得较好的工作绩效；而工作绩效较好的员工由于未受到适当的激励等，会出现不再努力工作，使工作绩效变得较差等现象。绩效的动态性特点要求我们运用发展和辩证的观点为员工进行绩效考评。

二、绩效管理的含义及目的

（一）绩效管理的含义

绩效管理是根据管理者与员工之间达成的一致协议来实施管理的一个动态的沟通过程，以激励员工业绩持续改进并最终实现组织战略及个人目标，是为了实现一系列中长期的组织目标而对员工绩效进行的管理。随着人们对人力资源管理理论和实践研究的逐步重视，绩效管理在组织中达到了前所未有的高度。对大多数组织而言，绩效管理的首要目标是绩效考评。但是，在这些组织中，实施绩效考评的效果却并不理想，员工的工作积极性并未被充分激发，企业的绩效也没有得到明显的改善等这些问题仍然存在。其原因在于，人们往往知道绩效考评而并不知道绩效管理,但两者并不相等,人们在强调绩效考评的同时,往往会忽视绩效管理的全过程。

所谓绩效管理,就是为了更有效地实现组织目标,由专门的绩效管理人员运用人力资源管理的知识、技术和方法与员工一起进行绩效计划、绩效沟通、绩效考评、绩效反馈与改进、绩效结果应用五个基本过程。绩效管理的基本特征如下。

1. 绩效管理的主体

绩效管理的主体是掌握人力资源知识、专门技术和手段的绩效管理人员和员工。

绩效管理由掌握专门知识技能的绩效管理者推动,然后落实到员工身上,最终由每一位员工的具体实践操作实现。可以看出,绩效管理的主体不仅是绩效管理人员,还要包括每一位参与绩效管理的员工。

2. 管理的核心

管理的核心是提高组织绩效。

绩效管理围绕如何提高组织绩效这个核心展开,其中所涉及的任何具体措施都是为持续改进组织绩效服务的。绩效管理"对事不对人",以工作表现为中心,考察个人与组织目标实现相关的部分。

(二) 绩效管理的目的

各个组织根据自身的不同情况运用绩效管理系统会侧重于不同的目的。

1. 了解员工的工作绩效

员工希望了解自己的工作成绩,希望知道如何提高自己的工作绩效,并以此来提高自己的薪酬水平和获得晋升的机会。因此,绩效管理的结果可以向员工反馈其工作绩效水平高低,使员工了解自己工作中的不足之处,帮助员工改进,从而提高整个组织的绩效。通过绩效管理指出员工存在问题的同时,能够发现培训需求。有针对性地对员工进行培训,可以帮助员工提高工作知识、技能及在人际关系、计划、监督等方面的能力(针对管理人员),促进员工的发展。因此,绩效管理是培训方案设计和实施的基础。

2. 绩效管理的信息可以为组织的奖惩系统提供标准

在组织的多项管理决策中都要使用管理信息(特别是绩效考评信息)。绩效考评能够使不同岗位上员工的工作绩效得到合理的比较,从而使组织在进行薪酬决策、晋升决策、奖惩决策、保留/解聘等决策时做到公平合理,使整个激励体系真正起到应有的作用。

3. 使员工的工作和组织的目标结合起来

工作绩效管理有利于发现组织中存在的问题，绩效考评的信息可以被用来确定员工和团队的工作与组织目标之间的关系，当各种工作行为与组织目标发生偏离时，要及时进行调整，确保组织目标的实现。

4. 促进组织内部信息沟通和企业文化建设

绩效管理非常注重员工的参与性。从绩效目标的制定、绩效计划的形成、实行计划中的信息反馈和指导到绩效考评、对考评结果的应用，以及提出新的绩效目标等都需要员工的参与，满足员工的尊重需要和自我实现的需要，为组织创造一个良好的氛围。因此，绩效管理对于创建民主的、参与性的企业文化是非常重要的。

需要指出的是，无论绩效管理系统有多完美，也只有最终被它所影响的人接受才能够发挥作用。

三、绩效考评与绩效管理的区别与联系

绩效考评又称绩效评估。就是组织的各级管理者通过某种方法对其下属的工作完成情况进行定量与定性评价，通常被看作管理人员一年一度的短期阶段性事务工作。在单纯的绩效考评中，管理者和下属关注的焦点主要集中在考评的指标和考评的结果上。这种关注的角度往往导致企业将现有绩效考评系统的失败归咎于考评指标的不完美、不够量化等因素，进而不断花费成本寻求更完美的考评指标。管理者和下属对考评结果的关注，则容易产生对立情绪。管理者面对打分的压力，下属则普遍抱有抵触情绪，双方处于矛盾和对立之中。

（一）绩效管理与绩效考评的联系

绩效考评是绩效管理一个不可或缺的组成部分，通过绩效考评可以为组织绩效管理的改善提供资料，帮助组织不断提高绩效管理水平和有效性，使绩效管理真正帮助管理者改善管理水平，帮助员工提高绩效能力，帮助组织获得理想的绩效水平。

（二）绩效管理与绩效考评的区别

1. 绩效管理包括制订绩效计划、动态持续的绩效沟通、绩效考评、绩效反馈与改进、绩效考评结果的应用，是一个完整的绩效管理过程；而绩效考评只是这个管理过程中的局部环节和手段。

2. 绩效管理是一个过程，贯穿日常工作，循环往复进行；而绩效考评是一个阶段性的总结，只出现在特定时期。

3. 绩效管理具有前瞻性，能帮助组织和管理者前瞻性地看待问题，有效规划组织和员工的未来发展；而绩效考评则是回顾过去的一个阶段的成果，不具备前瞻性。

4. 绩效管理以动态持续的绩效沟通为核心，注重双向的交流、沟通、监督、评价；而绩效考评只注重事后的评价。

5. 绩效管理根据预期目标，评价绩效结果，提出改善方案，侧重日常绩效的提高；而绩效考评则只比较预期的目标，注重进行绩效结果的评价。

6. 绩效管理充分考虑员工的个人发展需要，为员工能力开发及教育培训提供各种指导，注重个人素质能力的全面提升；而绩效考评只注重员工的考评成绩。

7. 绩效管理能建立绩效管理人员与员工之间的绩效合作伙伴关系；而绩效考评则使绩效管理人员与员工站到了对立的两面，距离越来越远，造成紧张的气氛和关系。

五、绩效管理的作用

绩效管理是组织实现其战略目标的有效工具之一，也是人力资源管理其他职能的基本依据和基础。有效的绩效管理可以给我们的日常管理工作带来巨大的好处。绩效管理的作用主要表现在以下几个方面。

（一）绩效管理对管理人员的作用

就各级管理人员而言，他们面临许多管理问题。例如，常常因为事物的冗繁和时间管理的不善而烦恼；员工对自己的工作缺乏了解，工作缺乏主动性；员工对应该做什么和应该对什么负责有异议；员工给主管提供的重要信息太少；发现问题太晚以致无法阻止其扩大；员工犯相同的错误；等等。尽管绩效管理不能直接解决所有的问题，但它为处理好其中大部分管理问题提供了一个工具。只有管理者投入一定的时间并和员工形成良好的合作关系，绩效管理才可以为管理者的工作带来极大的便利。

1. 上级主管不必介入所有的具体事务。

2. 通过赋予员工必要的知识来帮助他们合理进行自我决策。员工可以知道上级希望他们做什么，自己可以做什么，必须把工作做到什么程度，何时向何人寻求帮助等，从而为管理者节省时间。

3. 减少员工之间因职责不明而产生的误解。

4. 减少持续出现上级主管需要信息时没有信息的情况。

5. 通过帮助员工找到错误和低效率的原因来减少错误和偏差。

（二）绩效管理对员工的作用

员工在工作中会产生如下诸多烦恼：不了解自己的工作做得好还是不好，不知道自己有什么权力，工作完成很好时没有得到认可，没有机会学习新技能，自己不能做决策，缺乏完成工作所需要的资源等。

绩效管理要求有效开展绩效沟通和指导，能使员工得到有关他们工作业绩和工作现状的反馈。而且由于绩效管理能帮助员工了解自己的权力大小，即进行日常决策的能力，从而大大提高了工作效率。

（三）绩效管理对企业的作用

一项调查显示，员工感觉企业需要改进的方面主要集中如下：奖惩没有客观依据，晋升有失公平；缺乏足够有效的专业培训和指导；重负面批评和惩罚，轻正面鼓励和奖励；日常工作中缺乏上下级之间的有效授权等。

绩效管理提出员工参与制订绩效计划，强化了员工对绩效目标的认同度，在日常工作中通过绩效实施提供有效的工作指导，找出工作的优点和差距，有效制订绩效改进计划和措施，有利于企业业绩的改善和企业目标的实现。同时，绩效管理流程中基于企业战略目标的绩效计划制订、围绕核心能力的员工能力发现和评价等措施有助于企业核心竞争力的构建，有利于企业的持续发展。

五、影响绩效管理的因素

一个组织在整个绩效管理的过程中，要达到组织的预期目的，实现组织的最终目标，往往受到多种因素的影响，作为一个管理者只有充分认识到各种影响因素给组织绩效所带来的影响及程度，才能够做好绩效管理工作。一般来讲，影响组织绩效管理有效性的因素如下。

（一）观念

管理者对绩效管理的认识是影响绩效管理效果的重要因素。如果管理者能够深刻理解绩效管理的最终目的，更具前瞻性地看待问题，并在绩效管理的过程中有效地运用最新的绩效管理理念，便可以很好地推动绩效管理的有效实施。

（二）高层领导支持的程度

绩效管理作为人力资源管理的重要组成部分，是实现组织整体战略管理的一个重要手段。要想有效地进行绩效管理，必须得到高层领导的支持。高层领导对待绩效管理的态度决定了绩效管理的效果。如果一个组织的领导能大力支持绩效管理工作，并给予绩效管理工作人员必要的物质和精神支持，就会使绩效管理水平得到有效的提升；反之，一个组织的绩效管理水平和效果将是十分低下的。

（三）人力资源管理部门的尽职程度

人力资源部门在绩效管理的过程中扮演着组织协调者和推动者的角色。绩效管理是人力资源管理工作中的重要组成部分，如果人力资源管理部门能够对绩效管理大力投入，加强对绩效管理的宣传，组织必要的绩效管理培训，完善绩效管理的流程，就可以为绩效管理的有效实施提供有力保证。

（四）各层员工对绩效管理的态度

员工对绩效管理的态度直接影响绩效管理的实施效果。如果员工认识到绩效管理的最终目的能使他们改进绩效而不是单纯地奖罚，绩效管理就能很好地发挥功效；反之，如果员工认为绩效管理仅仅是填写各种表格应付上级或对绩效管理存在严重的抵触情绪，那么绩效管理就很难落到实处。

（五）绩效管理与组织战略的相关性

个人绩效、部门绩效应当与组织的战略目标相一致。只有个人绩效和部门绩效都得到实现的同时，组织战略才能够得到有效的执行。这就要求组织管理者在制定各个部门的目标时，不仅考虑到部门的利益，也要考虑到组织的整体利益，只有做到个人、部门和组织整体的目标相一致，才能确保组织的绩效管理卓有成效。

（六）绩效目标的设定

一个好的绩效目标要满足具体、可衡量、可实现及与工作相关等要求。只有这样，组织目标和部门目标才能得到有效的执行，绩效考核的结果才能够公正、客观和具有说服力。

（七）绩效指标的设置

每个绩效指标对于组织和员工而言，都是战略和文化的引导，是工作的方向，因此，清晰明确、重点突出的指标非常重要。好的绩效指标可以确保绩效考核重点突出，与组织战略目标精确匹配，便于绩效管理的实施。

（八）绩效管理系统的时效性

绩效管理系统不是一成不变的，它需要根据组织内部、外部的变化进行适当调整。当组织的战略目标、经营计划发生改变时，组织的绩效管理系统也要进行动态的变化，以保证其不会偏离组织战略发展的主航道，对员工造成错误的引导。

六、绩效管理的过程

绩效管理是一个包括多阶段、多项目标的综合过程，它通常被看作一个循环过程，管理的各个环节不仅密切联系，而且周而复始地不断循环，形成一个持续的过程。绩效管理的基本流程一般包括绩效计划、绩效辅导、绩效考评、绩效反馈、绩效改进及绩效结果的应用等六步。

（一）绩效计划

绩效计划是绩效管理的第一个环节，也是绩效管理的起点。作为一个组织，要想达到预期的战略目标，必须先将战略分解为具体的任务或目标，落实到各个岗位；然后再对各个岗位进行相应的职位分析、工作分析、人员任职资格分析。这些步骤完成后，各个部门的管理人员应和员工一起，根据本岗位的工作目标和工作职责，讨论并确定绩效计划周期内员工应完成什么工作、做到怎样的程度、为何要做这项工作、何时完成、资源如何进行分配等。这个阶段管理者和员工的共同参与是绩效计划制订的基础。通过协作的方式完成绩效计划的制订，可以使绩效计划得到员工的支持并得以有效实施。绩效计划是整个绩效管理体系中最重要的环节。

所谓绩效计划是指被评估者和评估者双方对员工应该实现的工作绩效进行沟通的过程，并将沟通的结果落实为订立正式书面协议即绩效计划和评估表，它是双方在明晰责、权、利的基础上签订的一个内部协议。绩效计划的设计从公司最高层开始，将绩效目标层层分解到各级子公司及部门，最终落实到个人。对于各子公司而言，这个步骤即为经营业绩计划过程，而对于员工而言，则为绩效计划过程。我们应从以下几个方面理解绩效计划。

1. 绩效计划与绩效指标是组织进行绩效管理的基础和依据。绩效计划是在绩效管理过程开始的时候由部门主管和员工共同制定的绩效契约，是对在本部门绩效管理过程结束时员工所要达到的期望结果的共识，这些期望的结果是用绩效指标的方式来体现的。

2. 绩效计划是一个组织根据自身实际情况，结合各个部门的具体工作，将年度重点工作计划层层分解，把总体目标分解到各个部门，确立各个部门的年度目标的过程。

3. 绩效计划通常是通过上下级相互沟通、交流而形成的，因此在沟通前，相关部门要事先向分管主任提供必要的信息和背景资料。在编制绩效计划时，每月要在固定的时间召开部门月度例会，在会议上各部门可以与本部门主管沟通，主管提出反馈意见，初步确定计划。沟通的方式原则上不做规定，由各部门自己确定。各类计划经分管主任审定和确认后，由综合科负责汇总下发月度工作计划，并上报办公室人事部月度重点工作。

4. 在确定工作目标、关键绩效指标和标准时应遵循 SMART 原则。

明确具体的原则（Specific），目标必须是明确、具体的。所谓具体就是责任人的工作职责和部门的职能相对应的工作；所谓明确就是目标的工作量、达成日期、责任人等事先都是确定的，可以明确。

可衡量的原则（Measurable）：绩效目标应是数量化或行为化的，验证指标的数据或信息是可获得的。

可获得的原则（Allainable）：绩效指标在付出努力的情况下是可以实现的，避免设立过高或过低的目标。

现实可行的原则（Realistic）：在现实的物力、人力及个人学习和身体能力、资源的可利用条件下是可行的。

有时间限制的原则（Time-bound）：必须在计划中列入事先约定的时间限制，注重完成绩效指标的特定期限。

（二）绩效辅导

所谓绩效辅导是指管理人员对员工完成工作目标的过程进行辅导，帮助员工不断改进工作方法和技能，及时纠正员工行为与工作目标之间可能出现的偏离，激励员工的正面行为，并对目标和计划进行跟踪和修改的过程。

绩效辅导是连接绩效目标和绩效评估的中间环节，也是绩效管理循环中耗时最长、最关键的一个环节，是体现管理者管理水平和领导艺术的主要环节。通过绩效辅导这个环节可以实现强调员工与主管人员的共同参与、强调员工与主管之间形成绩效伙伴关系、共同完成绩效目标的过程。总而言之，绩效辅导工作的好坏直接决定着绩效管理工作的成败。

要想有效地完成绩效辅导，主要包括两个方面的工作：一是持续不断的绩效沟通；二是数据的收集和记录。其具体步骤包括以下几步。

1. 观察和了解员工的绩效和行为，让员工知道自己的绩效好坏，并给予一定的反馈；或是要求员工改进，或是给予激励，希望保持高绩效。

2. 寻找问题与原因。如果员工绩效没有改进，就要探究其中的原因，同时要求改变具体的行为，并视需要给予帮助。

3. 教导分析。如果绩效仍然没有得到改进，那么管理者就必须运用教导分析的方法找出其中的原因，并和员工一起克服影响绩效的障碍。

4. 改善计划。和员工一起找出改善业绩的方法，并帮助员工找到问题，改进绩效流程，然后确认这些流程和方法，并固定下来，着眼于更长远的未来员工绩效。

（三）绩效考评

绩效考评是按事先确定的工作目标及其衡量标准，考察员工实际的绩效情况的过程。绩效考评是一项技术性很强的工作，包括拟订、审核考评指标、选择和设计考评方法、培训考评人员等内容。

（四）绩效反馈

绩效管理的核心目的是不断提升员工和组织的绩效水平。因此，绩效管理的过程并不是为绩效考评打出一个分数或得到一个等级就结束了，主管人员对员工的绩效情况进行评估后，必须与员工进行面谈沟通，即进行绩效反馈。所谓绩效反馈是指主管人员在绩效评估之后使员工了解自身绩效水平的各种绩效管理手段和过程。

（五）绩效改进

绩效改进是绩效管理过程中的一个重要环节。传统的绩效考评目的是通过对员工的业绩进行考评，将考评结果作为确定员工薪酬、奖惩、晋升或降级的标准。而绩效管理的目标不限于此，员工能力的不断提升及绩效的持续改进和发展才是其根本目的。所以，绩效改进工作的成功与否，是绩效管理过程是否发挥作用的关键。

（六）绩效结果的应用

绩效考评完成后，形成的考评结果要与相应的管理环节相互衔接，主要体现在以下几个方面。

1. 人力资源规划

为组织提供总体人力资源质量优劣程度的确切情况，获得所有人员晋升和发展潜力的数据，便于组织制订人力资源规划。

2. 招聘与录用

根据绩效考评的结果，可以确定采用何种评价指标和标准招聘和选择员工，可提高招聘的质量并降低招聘成本。

3. 薪酬管理

绩效管理的结果可以作为业绩工资发放的依据。绩效评价越高，业绩工资越高，这是对员工追求高绩效的一种鼓励和肯定。

4. 职务调整

多次绩效考评的结果可以作为员工晋升和降级的依据之一。例如，经过多次绩效考评，对于业绩始终没有改善的，如果确实是能力不足，不能胜任工作，则应当考虑为其调整工作岗位；如果是员工本身的态度问题，经过多次提醒和警告都无济于事，则管理者应当考虑将其解雇。

5. 员工培训与开发

通过绩效考评可以了解员工低绩效的原因，对那些由于知识和技能方面不足未能达成绩效计划的员工，企业可以组织员工参加培训或接受再教育。这样能够增强培训效果，降低培训成本。同时，可以根据绩效考评的结果，制定员工在培养和发展方面的特定需求，帮助员工发展和执行他们的职业生涯规划。

6. 员工关系管理

公平的绩效考评，为员工在奖惩、晋升、调整等重大人力资源管理环节提供公平客观的数据，减少主观不确定因素对管理的影响，能够保持组织内部员工的相互关系建立在可靠的基础之上。

第二节　绩效考评方法

一、绩效考评概述

（一）绩效考评的含义及内容

绩效考评是绩效管理的最主要内容，绩效考评是指按照确定的标准来衡量工作业绩、工作成果、工作效率和工作效益的达成程度。考评内容的科学性和合理性，直接影响到绩效考评的质量。因此，绩效考评的内容应该符合企业自身的实际情况需要，能够准确地对员工的绩效进行考评。由于绩效的多因性，绩效考评的内容也颇为复杂。我国很多企业按照以下四点作为绩效考评的内容。

1. 工作业绩考评

工作业绩考评是指对员工工作效率和工作结果进行考核和评价，它是对员工贡献程度的衡量，是所有工作绩效考评中最基本的内容，直接体现出员工在企业中的价值大小。业绩的考评包括员工完成工作的数量、质量、成本费用、利润等，以及为企业做出的其他贡献，如为企业赢得荣誉等。

2. 工作能力考评

工作能力的考评是指对员工在工作中体现出来的能力进行考评，主要体现在以下四个方面：专业知识和相关知识；相关技能、技术和技巧（包括操作、表达、组织、协调、指挥、控制等）；相关工作经验；所需的体能和体力（取决于年龄、性别和健康状况等因素）。这四个方面是相互联系而又有区别的，技能和知识是基础；体能和体力是必要条件，一个人若没有足够的精力和体力，就难以承担重任；技能和工作经验把知识转化为现实生产力。需要指出的是，绩效考评中的能力考评和一般性能力测试不同，前者与被考核者所从事的工作相关，主要考评其能力是否符合所担任的工作和职务；而后者是从人的本身属性对员工的能力进行评价，不一定要和员工的现任工作相联系。

3. 工作行为的考评

工作行为考评是指对员工在工作中表现出来的相关行为进行考核和评价，衡量其行为是否符合企业的规范和要求。由于对行为进行考评很难有具体的数字或金额来表达，因此，在实际工作中，对员工的行为进行考评主要包括出勤、纪律性、事故率、主动性、客户满意度、投诉率等方面。

4. 工作态度的考评

工作态度考评数值是对员工在工作中的努力程度进行考评，即对工作积极性的衡量。积极性决定着人的能力发挥程度，只有将积极性和能力的考评结合起来，才能发挥员工的潜力。常用的考评指标包括：团队精神、忠诚度、责任感、创新精神、敬业精神、进取精神、事业心和自信心等。工作态度很大程度上决定了工作能力向工作业绩转化的效果。因此，对员工工作态度的考评是非常重要的。

以上四个方面中，工作业绩和工作能力的考评结果是可以量化的，是客观的，被称为考评的"硬指标";工作行为和工作态度的考评结果是主观的,很难量化,称为考评的"软指标"。在进行工作绩效考评时,应注意客观性评价和主观性评价的结合,软指标和硬指标结合,这样才能全面地评价员工的工作绩效。

(二)绩效考评的目的

一是帮助员工认识自己的潜在能力并在工作实际中充分发挥这种能力,以达到改进员工工作的目的和促进员工的培训与发展;二是为人力资源管理等部门提供制定有关人力资源政策和决策的依据;三是有利于改进企业人力资源管理工作,企业从定期的工作绩效考评中检查诸如招聘、培训和激励等人力资源管理方面的问题,从中吸取经验教训,以便今后改进并对下一步行动做出正确的导向。因而,考评的过程既是企业人力资源发展的评估和发掘过程,也是了解个人发展意愿,制订企业培训计划和为人力资源开发做准备的过程。

(三)绩效考评者的组成

考评人的组成就是选择谁来进行考核,也就是解决考评关系中考评主体与考评客体如何划分的问题。一般而言,在企业实践中,通常是由以下几种人员作为考评工作的主体来建立考评机制。

1. 直接主管

绩效考评大都是由直接主管进行或者参与进行的。企业通常在制度上规定直接主管对于下级拥有考评的责任和权力。直接主管对下属的工作最熟悉(有的主管甚至以前就从事下属目前的工作),可以准确把握考评的重点及关键。主管考评权与他们拥有的奖励和惩罚下属的权力是相应的。

2. 工作者自身

员工本人对自己进行评价具有重要意义。自我评价有利于员工对企业考评的认同,减少他们的逆反心理,增强员工参与意识;有利于员工明确自己的长处和短处,加强自我开发;能够在考评中不断总结经验,从而改进工作方法。不过,调查显示,员工自我评价一般比他人评价高,很少有人会自我贬低,容易形成极端分布。因此,这种方法不可单独进行。

3. 同事

同事进行的评价,在某些方面有特殊作用,如工作方式和工作态度。同事之间的工作相关性强，相互之间在一起共事，沟通较多，比较了解关于工作和行为的有效信息。但在同事考评时，有时可能因为个人关系而产生感情偏差。

4. 下级

由下属对员工进行评价也有重要意义。尤其对于其领导能力、沟通能力等方面的评价，往往具有很强的针对性。但也要看到，员工由于顾虑上级的态度及反应，可能不会反映真实情况。为了解决这一问题，应当由专门的部门进行组织，避免因评价结果而使员工受到打击报复。

5. 业务归属部门

企业中专业技术性较强的工作内容，往往由专门的职能部门进行归属管理，如财务部、质量部等。这些部门从特定角度进行绩效考评，在考评工作中具有非常重要的地位。

6. 外请专家

外请专业人员进行考评有特殊的意义。因为外请人员具有较强的专业技能，同被考评者之间没有利害关系，因而往往比较客观公正，考评结果也容易为员工所认同。但这样做成本较高。

二、绩效考评的原则

在进行绩效考评的时候，一定要做到科学、公正、客观，这样的考评才有意义。为此，应遵循以下八项原则。

（一）制度化的原则

企业的绩效考评要作为企业的一项制度固定下来，同时，考核的标准、程序、责任等都要有明确的制度规定，并在操作中严格地按照制度的规定进行。这样，绩效考评才会有其权威性。

（二）公开化的原则

考评的内容标准要公开，使员工认识到所有的考评对大家都是一样的，这样才能使员工对绩效考评工作产生信任感，各部门和各员工之间就不会造成人为矛盾；同时，每个员工都可以明确了解到工作的要求是什么，这样就可以按照考评的标准来要求自己，提高工作绩效。

（三）客观性的原则

要做到考评标准客观、组织评价客观、自我评价客观，不能带有考评人的个人观点，尽量避免掺入主观性和感情色彩。必须用公认的标准，进行客观的评价。唯有客观性，才会保证其公正性。

（四）分层次的原则

绩效考评最忌讳的就是用统一的标准来评价不同的人和不同的工作要求。不同层次的员工，考评的标准和考核的内容是不同的。比如说，对一般员工的考评，主要考评其完成工作的数量、质量、效益及工作态度等；而对于主管人员来说，则不仅要考评其完成工作任务的数量、质量及效益，还要考评其企业及各部门目标的实现程度，再就是作为主管人员在计划、决策、指挥、激励、授权、培养人才等方面的成绩。

（五）同一性和差别性原则

在考评相同类别的员工时要用同一标准、同一尺度去衡量，同样的工作内容、工作职位不能用不同的标准去考核。例如，企业中不同部门的秘书工作，工作内容大致是相同的，可以用同一种考评标准来进行考核。在考核不同类别的员工时，要注意用不同的标准和尺度去衡量。例如，生产部门可以用产品的产量、合格率、物耗等指标，而销售部门则用销售额、销售费用、回款率等指标来进行衡量。

（六）单头考核原则

一些企业在考评时出现在员工与考评者、管理者之间的摩擦，最主要的原因就是在考评时多重考评、多头领导。在企业中最了解员工工作情况的是员工的直接主管。如果在考评时，间接的管理者对员工的工作情况妄加指责，就容易造成不公平现象，就会出现摩擦。当然，并不排除间接的上级对考评的结果进行调整修正。

（七）反馈的原则

对员工进行考评以后要把考评结果直接告诉员工，使员工能明白自己工作的成绩和不足，同时要向其提供对于今后工作的参考意见。还应及时地将考核的结果反馈给公司培训部门，培训部门根据考评结果，有针对性地加强员工培训工作。

（八）差别性的原则

考评方法要能评出工作的好坏差别。正常情况下，员工在工作中的成绩是有差别的，考评方法要正确体现出员工工作中的这种差别，使考核带有刺激性，鼓励员工上进。

三、绩效考评体系

（一）绩效考评的特征

有效的绩效考评系统应该同时具备敏感性、可靠性、准确性、可接受性和实用性五个特征。

1. 敏感性

敏感性指的是工作绩效考评系统具有区分工作效率高的员工和工作效率低的员工的能力，否则既不利于企业进行管理决策，也不利于员工自身的发展，而只能挫伤主管人员和员工的积极性。如果工作评价的目的是升迁推荐等人事管理决策，评价系统就需要收集关于员工之间工作情况差别的信息；如果工作评价的目的是促进员工个人的成长发展，评价系统就需要收集员工在不同阶段自身工作情况差别的信息。

2. 可靠性

绩效考评体系的可靠性指的是评价者判定评价的一致性，不同的评价者对同一个员工所做的评价应该基本相同。当然，评价者应该有足够的机会观察工作者的工作情况和工作条件。研究结果表明，只有来自组织中相同级别的评价者才可能对同一名员工的工作业绩得出一致性的评价结果。

3. 准确性

绩效考评的准确性指的是应该把工作标准与组织目标联系起来、把工作要素和评价内容联系起来，进而明确一项工作成败的界限。工作绩效标准是就一项工作的数量和质量要求具体规定员工行为组合可接受的界限。我们知道，工作分析是描述一项工作的要求和对员工的素质要求，而工作绩效标准是区分工作绩效合格与不合格的标准，实际的工作绩效评价则是具体描述员工工作中的优缺点。业绩考评的准确性要求对工作分析、工作标准和工作绩效评价系统进行周期性的调整和修改。

4. 可接受性

绩效考评体系只有得到管理人员和员工的支持才能推行。因此，绩效考评体系经常需要员工的参与。业绩评价中技术方法的正确性和员工对评价系统的态度都很重要。

5. 实用性

业绩考评体系的实用性指的是评价系统的设计、实施和信息利用都需要花费时间、金钱并通过努力实现，组织使用业绩考评系统的收益必须大于其成本。

以上是绩效考评系统的五项基本要求，前三项被称为技术项目，后两项被称为社会项目。一般来说，只要绩效评价系统符合科学和法律的要求，具有准确性、敏感性和可靠性，就可以认为它是有效的。

在员工工作绩效考评体系的设计过程中，既需要根据绩效考评的目的来确定合适的评价者和评价标准及评价者的培训等问题，也需要选择适合企业自身情况的具体考评方法。员工绩效考评的标准可能是员工的行为表现，也可能是员工工作的结果，还可能是员工的个人特征。员工的工作绩效考评方法有很多种类，这些考评方法又可以分为客观类的评价方法和主观类的评价方法。另外，在考评体系设计的过程中，还需要决定员工绩效考评的周期长短。

（二）考评体系的设计

1. 评价者的选择

在员工绩效考评过程中，对评价者的基本要求有以下几个方面：第一，评价者应该有足够长的时间和足够多的机会观察员工的工作情况；第二，评价者有能力将观察结果转化为有用的评价信息，并且能够使绩效考评系统可能出现的偏差最小化；第三，评价者有动力提供真实的员工业绩评价结果。不管选择谁作为评价者，如果评价结果的质量与评价者的奖励能够结合在一起，那么评价者都会更有动力去做出精确客观的评价。一个值得注意的现象是，这种对评价者的激励与评价系统的设计和选择是同样重要的。一般而言，员工在组织中的关系是上有上司，下有下属，周围有自己的同事，组织外部还可能有客户。因此，可能对员工工作绩效进行评价的候选人有以下几种类型。

（1）员工的直接上司

在某些情况下，直接上司往往熟悉员工工作情况而且也有机会观察员工的工作情况。直接上司能够比较好地将员工的工作与部门或整个组织的目标联系起来，他们也对员工进行奖惩决策。因此，直接上司是最常见的评价者。但是这种评价的一个缺点是如果单纯依赖直接上司的评价结果，那么直接上司的个人偏见、个人之间的冲突和友情关系将可能损害评价结果的客观公正性。为了克服这一缺陷，许多实行直接上司评价的企业都要求直接上司的上司检查和补充评价者的考评结果，这对保证评价结果的准确性有很大作用。但有些企业采取的是矩阵式的组织结构，一个员工需要向多个主管报告工作；或者即使在非矩阵式的组织结构中，一位员工也可能与几个主管人员有一定程度上的工作联系。在这种情况下，综合几个主管人员对一个员工的评价结果会改进员工绩效考评的质量。

（2）员工的同事

一般而言，员工的同事能够观察到员工的直接上司无法观察到的某些方面。特别是在员工工作指派经常变动，或者员工的工作场所与主管的工作场所是分离的情况，主管人员通常很难直接观察到员工的工作情况，如推销工作。这时就既可以通过书面报告方式来了解员工的工作业绩，也可以采用同事评价。在采用工作团队的组织中，同事评价就显得尤为重要。

（3）员工的下级职员

下级职员的评价有助于主管人员的个人发展，因为下级人员可以直接了解主管人员的实际工作情况、信息交流能力、领导风格、解决个人矛盾的能力与计划组织能力。在采用下级评价时，上下级之间的相互信任和开诚布公是非常重要的。在通常情况下，下级评价方法只是作为整个评价系统的一部分。在美国克莱斯勒公司，管理人员的工作绩效是由其下属匿名地来评价，评价的内容包括工作团队的组织、沟通、产品质量、领导风格、计划和员工的发展情况。被评价的上司在汇总这些匿名的报告以后再与下属来讨论如何进行改进。一般而言，由于下属和同事能够从与主管人员不同的角度来观察员工的行为，因此，他们能够提供更多的关于员工工作表现的信息。需要注意的是，如果员工认为自己的主管有可能了解每个人的具体评价结果，那么他们就可能对自己的上司给予过高的评价。

（4）员工的自我评价

关于员工自我评价的作用问题长期以来一直是有争议的。这一方法能够减少员工在评价过程中的抵触情绪，在工作评价和员工个人工作目标结合在一起时很有意义。但是，自我评价的问题是自我宽容，常常与他人的评价结果不一致，因此比较适合于个人发展用途，而不适合于人事决策。不难发现，有效的工作规范和员工与主管人员之间良好的沟通是员工自我评价发挥积极作用的前提。此外，经验表明，员工和主管人员双方关于工作业绩衡量标准的看法的一致性越高，双方对评价结果的结论的一致性也就越高。

（5）客户的评价

在某些情况下，客户可以为个人与组织提供重要的工作情况反馈信息。虽然客户评价的目的与组织的目标可能不完全一致，但是客户评价结果有助于为晋升、工作调动和培训等人事决策提供依据。

2. 评价信息来源的选择

员工业绩考评的标准和执行方法要取决于开展绩效考评的目的。因此，在确定评价信息的来源以前，应该首先明确绩效考评的结果是为谁服务的，以及他们需要用这些绩效考评信息来做什么。评价信息的来源与评价目的之间的配合关系可以从两个方面来认识：第一，不同评价者提供的信息来源对人力资源管理中的各种目标具有不同的意义；第二，根据不同的评价标准得到的员工业绩考评信息对人力资源管理中的各种目标也具有不同的意义。如果为了给奖金的合理发放提供一个依据，就应该选择反映员工工作结果的标准来进行评价；如果为了安排员工参加培训或者要帮助他们进行职业前程规划，就应该选择职业知识等员工的个人特征作为评价标准；如果要剔除最没有价值的员工，那么就应该选择违反操作规程的行为或产生的不良后果作为评价标准。

3. 评价者的准备

一个好的评价者应该起到一个教练的作用，要能够激励员工。在工作绩效考评过程中评价者容易出现的错误有对员工过分宽容或者过分严厉、评价结果集中、出现光环效应和产生对比误差等。其中，光环效应是指评价者根据自己对员工的基本印象进行评价，而不是把他们的工作表现与客观的工作标准进行比较。为了最大限度地减少这些业绩评价错误，应该在每次开展绩效考评前对评价人员进行培训。在培训评价者的过程中，提高工作绩效考评的可靠性和有效性的关键是应用最基本的学习原理，这就要求鼓励评价者对具体的评价行为进行记录，给评价者提供实践的机会，组织培训的主管人员要为评价者提供反馈信息，并适时地给予鼓励。此外，还要进行温习训练，巩固理想的评价行为。

通过对负责员工绩效考评的管理人员进行培训，使其在整个绩效考评过程中能够做到以下三个方面：第一，在绩效考评前就经常与员工交换工作意见，参加企业组织的关于员工绩效考评的面谈技巧的培训。学会在与员工的面谈中采用问题处理方式，而不是"我说你听"的方式。同时，应该鼓励员工为参加评价和鉴定面谈做好准备。第二，在绩效评价中，主管人员要鼓励员工积极参与评价工作的过程，不评论员工个人的性格与习惯，注意倾听员工的意见，最后要能够使双方为今后的工作目标改进达成一致的意见。第三，在绩效考评后，主管人员要经常与员工交换工作意见，定期检查工作改进的进程，并根据员工的表现及时给予奖励。

4. 绩效考评方法的选择

员工绩效考评方法可以分为员工特征导向的评价方法、员工行为导向的评价方法和员工工作结果导向的评价方法。

（1）员工特征导向的评价方法

这种评价方法是以员工特征为基础的业绩评价方法，衡量的是员工个人特性，如决策能力、对工作的忠诚度、人际沟通技巧和工作的主动性等方法。这种评价方法主要是回答员工"人"做得怎样，而不重视员工的"事"做得如何。这类评价方法最主要的优点是简便易行，但是有严重的缺陷。首先，以员工特征为基础的评价方法的有效性差，评价过程中所衡量的员工特征与其工作行为和工作结果之间缺乏确定的联系。例如，一名性情非常暴烈的员工在对待客户的态度上却可能非常温和。其次，以员工特征为基础的评价方法也缺乏稳定性，特别是不同的评价者对同一个员工的评价结果可能相差很大。最后，以员工特征为基础的业绩评价结果能为员工提供有益的反馈信息。

（2）员工行为导向的评价方法

在工作完成的方式对于组织的目标实现非常重要的情况下，以员工行为为基础的业绩考评方法就显得特别有效。例如，一名售货员在顾客进入商店时应该向顾客问好，帮助顾客寻找他们需要的商品，及时地开票和收款，在顾客离开时礼貌地道谢和告别。这种评价方法能够为员工提供有助于改进工作绩效的反馈信息，但是这种评价方法的缺点是无法涵盖员工达成理想工作绩效的全部行为。

（3）员工工作结果导向的评价方法

这种方法是以员工的工作结果为基础的评价方法，先为员工设定一个最低的工作业绩标准，然后将员工的工作结果与这一明确的标准相比较。当员工的工作任务的具体完成方法不重要，而且存在多种完成任务的方法时，这种结果导向的评价方法就非常适用。工作标准越明确，业绩评价就越准确。工作标准应该包括两种信息：一是员工应该做什么，包括工作任务量、工作职责和工作的关键因素等；二是员工应该做到什么程度，即工作标准。每一项工作标准都应该清楚明确，使管理者和员工都了解工作的要求，了解是否已经满足了这些要求。而且，工作要求应该有书面的工作标准。其实任何工作都有数量和质量两个方面的要求，只不过是二者的比例不同。由于数量化的工作结果标准便于应用，因此，应该尽可能地把最低工作要求数量化。

结果导向的评价方法的缺点包括以下几个方面：第一，在很多情况下，员工最终的工作结果不仅取决于员工个人的努力和能力因素，也取决于经济环境、原材料质量等多种其他因素。因此，这些工作的业绩考评很难使用员工工作的结果来评价，即使勉强使用也缺乏有效性。第二，结果导向的业绩评价方法有可能强化员工不择手段的倾向。例如，提供电话购物服务的公司如果用员工的销售额来评价员工的业绩，那么员工就可能中途挂断顾客要求退货的电话，结果损害顾客的满意程度，减少重复购买率，这显然不利于组织的长期绩效提升。第三，在实行团队工作的组织中，把员工个人的工作结果作为业绩考评的依据会加剧员工个人之间的不良竞争，妨碍彼此的协作和相互帮助，不利于整个组织的工作绩效。第四，结果导向的业绩评价方法在为员工提供业绩反馈方面的作用不大，尽管这种方法可以告诉员工其工作成绩低于可以接受的最低标准，但是它无法提供如何改进工作绩效的明确信息。

在为具体的工作设计业绩考评方法时，需要谨慎地在这些类别中进行选择。除非员工的行为特征与工作绩效之间存在确定的联系，否则就不应该选择这种简便的方法。一般而言，行为导向的评价方法和结果导向的评价方法的有效性比较高，这两类方法的某种结合可以完成对绝大多数工作进行评价。

（4）工作绩效评价的周期

工作绩效评价周期是指员工接受工作业绩考评的时间间隔。员工业绩考评的周期应该受到以下几个因素的影响。

①根据奖金发放的周期长短来决定员工绩效考评的周期。例如，半年或者每一年分配一次奖金，因此，对员工的业绩考评也要间隔半年或一年，在奖金发放之前进行一次。

②根据工作任务的完成周期来决定业绩考评的周期。

③根据员工的性质来决定业绩考评的周期，对于基层的员工，他们的工作绩效可以在比较短的时间内得到一个好或者不好的评价结果，因此，评价周期就可以相对短一些；而对于管理人员和专业技术人员，只有在比较长的时间内才能看到他们的工作成绩。因此，对于他们的业绩考评的周期就应该相对长一些。

如果每个管理人员负责考评的员工数量比较多，那么在每次绩效考评的时期对这些管理人员来说工作负担就比较重，甚至可能因此影响到业绩考评的质量。因此，也可以采取分散的形式进行员工绩效考评，即当每位员工在本部门工作满一个评价周期（如半年或一年）时对这位员工实施业绩考评。这样可以把员工业绩考评工作的负担分散到平时的工作中，如中国惠普公司就采取这种做法。

在很多情况下，企业在员工进入组织满一年时会对他们的工作绩效进行一次评价。但是一年一次或两次绩效评价可能太少，因为评价者很难记住员工在长时间中的表现，容易发生错觉归类。这种心理现象是指人们往往忘记他们观察过的事物的细节，而是根据脑海中已经存在的心理类别，重新建立他们认为是真实的细节。

四、绩效考评方法分类

目前，国内外绩效考评方法数不胜数，但是适合中国国情与文化、操作性强的有效方法不多，以下将逐一介绍。无论哪一种绩效考评方法均各有优缺点，应该根据实际情况进行选择。需要强调的是：绩效考评的方法在整个绩效考评系统中只是一个基本条件，而有关各方在绩效考评过程中的相互信任，管理人员和员工的态度，评价的目的、频率，评价的信息来源及评价人员的训练等各种因素对于绩效考评体系的成败都是非常关键的。员工绩效考评通常包括主观评价体系和客观评价体系两种类型。

（一）绩效考评的主观方法

绩效考评的主观方法，是将员工之间的工作情况进行相互比较，得出对每个员工的相对优劣的评价结果。主要方法有：业绩评定表法、评级量表法、行为观察评价法、报告法、成对比较法、情境模拟法、民意测验法。

1. 业绩评定表法

业绩评定表法是一种广泛采用的考评方法，它根据所限定的因素来对员工进行考评。这种方法是在一个等级表上对业绩的判断进行记录。这个等级被分成几类——它常常采用诸如优秀、良好、一般、较差、不及格等形容词来定义。当给出了全部等级时，这种方法通常可以便于一种以上的业绩评定标准。评价所选择的因素有两种典型类型：与工作有关的因素和与个人特征相关的因素。与工作有关的因素是工作质量和工作数量；而个人特征因素有诸如依赖性、积极性、适应能力和合作精神等。评价者通过指明最能描述出员工及其业绩的每种因素的比重来完成这项工作。业绩评定表法的优点：简单、迅速、主要因素明显。每评定一项仅考虑一个因素，不允许因某个因素给出的评价而影响其他因素的决定。业绩评定表法的缺点：一是对过去业绩和将来潜力同时做出评价方面有些欠缺；二是缺乏客观性，通常使用的因素如态度、忠诚和品格等都是难以衡量的。另外，这些因素可能与员工的工作业绩没有关系。

为了得到更为准确的评价，不应停留在一般性的工作绩效因素（如"数量"和"质量"）的评价上，可以将其作为评价标准的工作绩效进行进一步的分解。

2. 评级量表法

评级量表法是被采用得最普遍的一种考评方法，这种方法主要是借助事先设计的等级量表来对员工进行考评。使用评级量表进行绩效考评的具体做法是：根据考评的目的和需要设计等级量表，表中列出有关的绩效考评项目，并说明每一项目的具体含义，然后将每一考评项目分成若干等级并给出每个等级相应的分数，由考评者对员工每一考评项目的表现做出评价和记分，最后计算出总分。

3. 行为观察评价法

行为观察评价法在工作绩效评价的角度方面能够提供更加明确的标准。在使用这种评价方法时，需要首先确定衡量业绩水平的角度，如工作的质量、人际沟通技能、工作的可靠性等。每个角度都细分为若干个具体的标准，并设计一个评价表。评价者将员工的工作行为同评价标准进行比照，每个衡量角度的所有具体科目的得分构成员工在这一方面的得分。将员工在所有评价方面的得分累加，就可以得到员工的评价总分。

这种行为观察评价法的主要优点是设计和实施时所花费的时间和金钱都比较少，而主要缺点是不同的评价者经常在对"几乎没有"和"几乎总是"的理解上有差异，结果导致业绩考评的稳定性下降。

4. 报告法

报告法是以书面形式对自己的工作所做的总结。这种方法适用于较高级管理人员的自我考评，并且考评的人数不多。自我考评是自己对自己某段工作的总结，让被考评者主动地对自己的表现加以考评、反省，为自己做出评价。要求是：可以让被考评者写一份工作报告，对照岗位要求，回顾工作及列出将来的打算等。

5. 成对比较法

成对比较法是评价者根据某一标准将每一员工与其他员工进行逐一比较，并将每一次比较中的优胜者选出。最后，根据每一员工净胜次数的多少进行排序。这一方法的比较标准往往比较笼统，不是具体的工作行为或是工作成果，而是员工评价者对员工的整体印象。一般认为，成对比较方法比较适合进行工资管理。

6. 情境模拟法

情境模拟法是美国心理学家茨霍恩等人的研究成果。情境模拟法将被考核人员置于一种模拟的工作情境之中，运用仿真的评价技术，对其处理现实问题的能力、应变能力、规划能力、决策能力进行模拟现场观察考评，从而确定被考评者适宜的工作岗位和具体工作。

其优点是使考评者如身临其境，便于直接观察，准确度较高；其缺点是要花相当多的人力、物力。

7. 民意测验法

该法把考评的内容分为若干项，制成考评表，每一项后面空出五格：优、良、中、及格、差。然后将考评表发至相当范围。考评前，也可先请被考评者汇报工作，做出自我评价，然后由参加评议的人填好考评表，最后算出每个被考评者得分平均数，借以确定被考评者工作的档次。民意测验的参加范围，一般是被考评者的同事和直属下级，以及与其发生工作联系的其他人员。

此法的优点是群众性和民主性较好；缺点是主要自下而上地考察管理人员，缺乏自上而下的考察，由于群众素质的局限，会在掌握考评标准上带来偏差或不科学因素。一般将此法用作辅助的、参考的手段。

（二）绩效考评的客观方法

根据客观标准对员工的工作绩效进行评价的方法包括行为关键事件法、工作成果评价法。其中的大多数方法在实质上都是对员工的行为按照评价的标准给出一个量化的分数或程度判断，然后再对员工在各个方面的得分进行加总，得到一个员工业绩的综合评价结果。

1. 关键事件法

在运用关键事件法的时候，主管人员将每一位下属在工作活动中所表现出来的非同寻常的好行为或非同寻常的不良行为（或事故）记录下来。然后在每六个月左右的时间里，主管人员和其下属人员见一次面，根据所记录的特殊事件来讨论后者的工作绩效。

这种工作绩效评价方法通常可作为其他绩效评价方法的一种很好补充，因为它有以下许多优点。

第一，对关键事件的行为观察客观、准确。

第二，能够为更深层次的能力判断提供客观的依据。

第三，对未来行为具有一种预测的效果。

其缺点如下。

第一，耗时费力。

第二，对关键事件的定义不明确，不同的人有不同的理解。

第三，容易引起员工与管理者之间的摩擦。

如果要应用关键事件法对被考核者进行绩效考评的话，那么在确定绩效目标和计划的时候，就要将关键事件同绩效目标和计划结合起来。

关键事件法通常可作为其他绩效考评方法的一种很好的补充。它在认定员工特殊的良好表现和劣等表现方面是十分有效的，而且对于制订改善不良绩效的计划十分方便。但就其本身来说，在对员工进行比较或在做出与之相关的薪酬、晋升或者培训的决定时，可能不会有太明显的用处。

2. 工作成果评价法

工作成果评价法所依据的是著名的目标管理过程，因此也被称为目标管理评价法。实施这种评价方法的过程非常类似于主管人员与员工签订一个合同，双方规定在某一个具体的时间达到某一个特定的目标。员工的绩效水平就根据当时这一目标的实现程度来评定。

实施工作成果评价法的关键是目标制定，即分别为组织、组织内的各个部门、各个部门的主管人员及每一位员工制定具体的工作目标。目标管理方法不是用来衡量员工的工作行为，而是用来衡量每位员工为组织的成功所做的贡献大小。因此，这一目标必须是可以衡量和可以观测的。目标管理中的目标制定要符合所谓的 SMART 原则。

在目标管理过程中，应该经常进行进度检查，直至达到目标。在达到阶段性目标后，已经完成既定任务的员工会集在一起对工作成果进行评价，同时为下一阶段的工作制定目标。

目标管理是一整套计划和控制系统，同时也是一套完整的管理哲学系统。在理论上，只有每位员工成功，才可能有主管人员的成功、各个部门的成功和整个组织的成功，因此，目标管理方法鼓励每一位员工的成功。但是目标管理的前提是个人、部门和组织的目标要协调一致。经验研究表明，这一方法有助于改进工作效率，而且还能够使公司的管理部门根据迅速变化的竞争环境对员工进行及时的引导。

但是目标管理评价法也有一些缺点。第一，这种评价法没有为管理人员提供在员工之间进行相互比较的依据。第二，目标设定本身是一个非常困难的问题。如果员工在本期完成了设定的目标，那么管理人员就倾向于在下一期提高目标水平。如果员工在本期没有完成目标，那么管理人员在下一期就倾向于将目标设定在原来的目标水平上，从而产生所谓的"棘轮效应"。第三，当市场环境在目标设定后发生意外的变动，将影响到员工目标的完成情况。如果出现的是有利变化，受益者是员工；如果出现的是不利变化，受益者是企业。

此外，还有一种与目标管理方法类似的工作计划与检查方法。这种评价方法特别强调主管人员及其下属对工作计划的实施情况进行检查，以确定计划的完成程度、找出存在的问题、明确训练的需要。在使用工作计划与检查方法时，了解工作目标是否已经达到，要依靠主管人员的个人判断，而在目标管理中则依靠更为客观、可以度量的证据。但是，在实际操作中，这两种方法很难严格区分。从理论上讲，目标管理办法更强调结果，而工作计划与检查方法更强调过程。

第三节 考核面谈、反馈与改进

绩效考评工作进行完毕之后，并不意味着绩效管理工作就万事大吉了。作为一个部门的主管，要及时地把绩效考评的结果向员工反馈，让每一个员工明确自身的优点并继续保持；同时，让每一个员工明确自身的缺点并加以改进，这就需要主管人员帮助员工完成这一任务，其具体工作就是通过绩效反馈和面谈来实现。

一、考核面谈、反馈与改进的理论基础

（一）绩效反馈的含义

所谓绩效反馈就是使员工了解自身绩效水平的各种绩效管理手段。绩效反馈是绩效沟通最主要的形式；同时，绩效反馈最重要的实现手段就是管理者与员工之间的有效沟通。

（二）考核面谈、反馈与改进的理论基础——反馈干涉理论

绩效考核面谈的主要目的，一方面，是要让员工了解自己的考核结果背后的原因，以此来增加共识、减少误解和猜疑；另一方面，更重要的是要改善员工的绩效及为员工的发展提供建议。绩效考核面谈的有效性是基于反馈干涉理论的。反馈干涉理论认为，在满足以下五个基本假定的条件下，绩效考核面谈能够有效地提高员工的绩效。

第一，员工的行为调整取决于反馈结果与一个目标或标准的比较。

第二，目标或标准是分层次的。

第三，员工的注意力是有限的，所以只有那些反馈与标准的差距才会引起他们的注意，并调整其行为。

第四，注意力通常被导向层级的趋中层次。

第五，反馈干涉改变了注意力的所在，从而影响行为。

上述理论中谈到的"层次"的概念，对于理解员工工作中的行为及其对考核结果的反映，很有帮助。这里所说的层次，是一个认知心理学的概念，它反映了人们对于工作中个人努力目标及绩效改进措施中的努力方向。对于这样的层次的具体内容，有很多学者有不同的看法。我们采用一种比较简单的三个层次的观点来分析对绩效考核面谈的启示。

第一个层次是总体任务过程的层次或称自我层次。在这个层次上，员工关心的问题

是："我做的工作，怎样能够为组织发展做出贡献？""我在组织中的位置是什么？""我对自己的要求是否合适？"等。

第二个层次是任务动机层次或任务层次。它使员工关心其所执行的工作任务本身。员工考虑的将是："这项任务到底该怎么做？""我在这项任务中的表现如何？""能不能有更好的办法来做这件事？"

第三个层次，也是最低的层次，是任务学习层次。它关注工作执行过程中的细节和员工的具体行动。比如，一个关注任务学习层次的秘书被上级告知她在接电话方面的态度需要改进时，她会追问："我哪句话说得不合适？""你说我该怎么说话？""我说话就是这个语气怎么办？"

一般地说，对于关注高层次的员工，绩效考核面谈应鼓励他们将工作做得更好，帮他们分析自己的定位和未来发展，而具体提高绩效的手段可以留给他们自己来解决，因为与聪明的人谈论过于简单的问题是对聪明人的侮辱。而对于关注低层次的员工，上级人员只有手把手地教给他们如何去做，才是提高绩效的办法。这时，上级与下属一起学习公司的规定、规范，仔细分析产生绩效考核结果的工作因素，是有帮助的。当然，设法帮助他们提高自己关注的层次，也是绩效反馈面谈的一个重要目标。

研究人员对人们在绩效考核面谈中该如何关注员工的不同层次问题上提出了一些建议，如仅集中在任务和工作绩效上，不要集中在个人或个人自我概念的任何部分；不要威吓或惊吓听众；包含如何改进的信息；与反馈同时，提出一个正式的目标设定计划；尽可能多地提供与绩效改进相关的信息，减少与他人绩效相关的信息。

（三）绩效反馈与面谈的目的

主管对员工的绩效情况进行评估后，必须与员工进行面谈沟通。这个环节是非常重要的。绩效管理的核心目的是不断提升员工和组织的绩效水平，提高员工的技能水平。这一目的能否实现，最后阶段的绩效反馈和面谈起了很大的作用。通过绩效反馈面谈可以达到以下几个方面的目的。

1. 对绩效评估的结果达成共识

绩效评估往往包含许多主观判断的成分，即使是客观的评估指标，也存在对于采集客观数据的手段是否认同的问题。因此，对于同样的行为表现，评估者与被评估者由于立场和角色的不同，往往会给出不同的评估。因此，双方对于评估结果的认同必然需要一个过程。对评估结果达成共识有助于双方更好地对被评估者的绩效表现做出判断。

2. 让员工认识到本绩效期内自己取得的进步和存在的缺点

每个人都有被认可的需要，当员工做出成就时，他需要得到主管的承认或肯定，这会对员工起到积极的激励作用。同时，员工的绩效中可能存在一些不足之处，或者想要维持并进一步改善现有的绩效。通常来说，员工不仅关注自己的成绩和绩效结果，更希望有人指出自己需要改进的地方。通过评估反馈，主管和员工共同分析绩效不足的原因，找出双方有待改进的方面，从而促进员工更好地改进绩效。

3. 制订绩效改进计划

在管理者和员工就评估结果达成一致意见之后，双方应就面谈中提出的各种绩效问题制订一个详细的书面绩效改进计划。在绩效改进计划中，双方可以共同确定出需要解决的问题、解决的途径和步骤，以及员工需要管理者提供的帮助等。

4. 协商下一绩效管理周期的绩效目标和绩效标准

绩效管理是一个往复不断的循环过程，一个绩效周期的结束恰好是下一个周期的开始。因此，上一个绩效管理周期的绩效反馈面谈可以与下一个绩效周期的绩效计划面谈合并在一起进行。

（四）绩效反馈与面谈的原则

当主管和员工关于反馈面谈的资料均准备完毕以后，主管和员工按照原计划在预定的时间和地点，遵循科学的原则，就可以有效地实施反馈和面谈。一般来讲，在绩效考核反馈与面谈时应遵循的原则有以下几条。

1. 建立并维护彼此的信任

信赖可以理解为一种适合面谈的气氛。首先，面谈的地点非常重要，必须在一个让彼此都能感到轻松的场合。噪声一定要极小，没有第三者可以看到面谈的两人。要使员工感到自在，主管所说的话或是动作要使双方能顺利沟通，使员工无拘无束坦诚地表达意见。此时来一杯咖啡或红茶有助于营造良好的气氛。

在面谈时一定要以一些称赞和鼓励的话打开局面，这种称赞和鼓励可以营造一种轻松、热情、愉快及友好的氛围，使面谈在一种双方都愉快的气氛中开始。

2. 清楚说明面谈的目的和作用

清楚地让员工明白此次面谈要做什么，可用较积极的字眼，比如："今天我们面谈的目的是希望大家能一起讨论一下你的工作成效，并希望彼此能有一致的看法，肯定你的优点，也找出哪些地方有待改进，紧接着我们要谈谈你的未来及将来如何合作达到目标。"

明确面谈目的，可以消除被评估者心中的疑虑。

3. 鼓励员工多说话

在面谈的过程中，应当注意停下来听员工正在说什么，因为你了解的情况不一定就是真实的。鼓励下属主动参与，有利于对一些问题快速达成共识，同时便于了解下属的思想动态。

4. 注意全身心地倾听

倾听时要以员工为中心，把所有的注意力都放在员工身上，因为倾听不单是对员工的尊重，也是营造氛围、建立信赖、把握问题的关键。

5. 避免对立和冲突

在面谈中，员工往往有一种自卫的本能阻挡他接受不愿听的信息，甚至容易为此与主管发生冲突，如果主管利用自己的领导权威强行解决冲突，很可能会付出相当大的代价。它可能破坏员工与管理者之间的信赖，导致以后的沟通难以做到开诚布公。

6. 集中于未来而非过去

绩效管理的核心在于未来绩效的提升，而不是像反光镜那样聚焦过去。双方只有关注未来，才能使得员工真心实意地拥护并切实参与到绩效管理中来，绩效管理才是真正具有激励意义的管理。

7. 集中在绩效，而不是性格特征

在绩效反馈面谈中双方应该讨论和评估的是工作绩效，也就是工作中的一些事实表现，而不是讨论员工个人的性格。员工的性格特点不能作为评估绩效的依据；在谈到员工的主要优点和不足时，可以谈论员工的某些性格特征，但要注意这些性格特征必须是与工作绩效有关的。例如，一个员工性格特征中有不太喜欢与人沟通的特点，这个特点使他的工作绩效因此受到影响，由于不能很好地与人沟通，影响了必要工作信息的获得，也不能得到他人很好的配合，从而影响了绩效。这样关键性的影响绩效的性格特征还是应该指出来的。

8. 找出双方待改进的地方，制定具体的改进措施

沟通的目的主要在于未来如何改进和提高，改进包括下一阶段绩效目标的确定，以及与员工订立发展目标。

9. 该结束时立刻结束

如果你认为面谈该结束时，不管进行到什么程度都不要迟疑。下面的情况有任何一种出现均要停止面谈：彼此信赖瓦解了；部属或主管急于前往某个地方；下班时间到了；面有倦容；等等。此时如果预定的目标没能在结束之前达到，也要等下一次再进行。

10. 以积极的方式结束面谈

要使部下离开时满怀积极的意念，不要使员工只看到消极的一面，而怀着不满的情绪离去。

二、绩效考核面谈的准备

在准备工作绩效考核面谈时，需要做以下三件事情。

首先，要对工作绩效考核的资料进行整理和分析。对即将接受面谈的员工的工作描述进行研究，将员工的实际工作绩效与绩效标准加以对比，并对员工原来的工作绩效评价档案进行审查。

其次，给员工较充分的准备时间。应至少提前一周通知员工，使其有时间对自己的工作进行审查、反思；阅读他们自己的工作描述；分析自己工作中存在的问题，搜集需要提出的问题和意见。

最后，面谈时间和地点的选择。应当找一个对双方来说都比较方便的时间来进行面谈，以便为整个面谈过程留有一段较为充裕的时间。通常情况下，与办公室工人和维护工人这样低层次的员工所进行的面谈不应该超过一个小时，而与管理人员所进行的面谈则常常要花费 2~3 小时。不仅如此，面谈地点应当具有相对的安静性，以免面谈被电话或来访者打扰。

三、绩效考核面谈的执行

（一）绩效面谈的要点

在进行工作绩效考核面谈时，应当牢记以下几个要点。

1. 谈话要直接而具体

交谈要根据客观的、能够反映员工工作情况的资料来进行。这些资料包括以下几个方面的内容：缺勤、迟到、质量记录、检查报告、残次品或废品率、订货处理、生产率记录、使用或消耗的原料、任务或计划的按时完成情况、成本控制和减少程度、差错率、实际成本与预算成本的对比、顾客投诉、产品退回、订货处理时间、库存水平及其精确度、事故报告等。

2. 不要直接指责员工

例如，不要对员工说："你递交报告的速度太慢了。"相反，你应当试图将员工的实际工作绩效与绩效标准进行对比（如"这些报告通常应当在 10 天内递交上来"）。同样，也不要将员工个人的工作绩效与他人的工作绩效进行对比（如"他比你递交报告的速度要快多了"）。

3. 鼓励员工多说话

应当注意停下来听员工正在说什么；多提一些开放型的问题，比如："你认为应当采取何种行动才能改善当前的这种状况呢？"还可以使用一些带有命令性质的话，如"请继续说下去"或"请再告诉我一些更多的事情"等；最后，还可以将员工所表述的最后一点作为一个问题提出来，比如："你认为自己无法完成这项工作，是吗？"

4. 不要绕弯子

尽管不能直接针对员工个人，但必须确保员工明白自己到底做对了什么，又做错了什么。因此，以下做法可能是非常有意义的：给他们举出一些特定的例子；在他们了解如何对工作加以改善及何时加以改善之前，确信他们对问题已经搞明白，并且你们之间确实已经达成了共识，然后再制订出一个行动方案。

第四章 薪酬管理

第一节　薪酬与福利管理概述

一、薪酬及薪酬管理的相关概念

薪酬涉及企业的成本支出，是企业管理者非常关注的；薪酬是企业给予员工的收入，是其生活的支撑，也是企业员工非常关注的；可以说，薪酬问题是企业与员工的利益冲突所在。因此，在人力资源管理中，薪酬管理是非常核心的内容，也是非常复杂、敏感的工作。对于企业来说，薪酬管理甚至影响着企业组织战略的实现。

（一）薪酬

1. 薪酬的概念

薪酬具有广义和狭义之分。

广义的薪酬也称为劳动报酬，是指员工因向所在组织提供劳动或劳务而获得的各种形式的报酬，包括经济性报酬和非经济性报酬两大类。

经济性报酬又可分为直接经济性报酬和间接经济性报酬。直接经济性报酬是按照一定的标准以货币形式向员工支付的报酬，如基本工资、奖金、津贴、分红、股票与期权等；间接经济性报酬不直接以货币形式发放，但可以给员工带来生活上的便利、减少员工额外开支或者免除员工后顾之忧，如保险、福利、带薪休假等。

非经济性报酬是指无法用货币等手段来衡量，但会给员工带来心理愉悦的一些因素，包括与工作本身相关的因素，如工作的挑战性、成就感、个人成长等，以及与工作环境相关的因素，如工作条件、工作地点、工作时间等。

狭义的薪酬是指员工在向组织提供有效劳动后，从组织获得的全部显性或隐性的经济性收入，即直接和间接的经济性报酬，也是我们通常所讲的薪酬。

2. 薪酬的表现形式及组成

（1）薪酬的表现形式

薪酬体现为基本薪酬、可变薪酬及间接薪酬三种主要形式。

基本薪酬是组织根据员工所承担或所完成的工作，或者所具备的完成工作的技能或能力，而向员工支付的稳定性报酬。基本薪酬在员工所有工资收入中占有较大的比例，是员工收入的主要部分，它不仅为员工提供了基本的生活保障和稳定的收入来源，而且还往往是确定可变薪酬的一个主要依据。因此，基本薪酬对于员工来说是至关重要的。

可变薪酬是指薪酬系统中与组织和员工绩效直接挂钩的奖金、绩效奖励或绩效工资。一般包括日常工作绩效工资、年终效益奖、单项奖励（如超产奖）、安全生产奖等短期激励；另外一种是针对组织的经营者或管理层等核心员工设计、实施的长期激励部分，也叫资本工资，如股票、期权等。

间接薪酬指各种福利项目，包括法定福利和企业自定福利。法定福利如养老、医疗、失业、工伤、生育等保险，企业自定福利包括员工年休假、住房补贴，以及企业为员工提供的各种服务等。

（2）薪酬的组成

员工薪酬一般由以下几个部分组成。

基本工资。基本工资是企业按照一定时间周期，定期向员工发放的固定报酬。主要反映员工所承担职位的价值或者员工所具备的技能或能力的价值。基本工资对于员工来说是至关重要的，是员工从组织那里获得的较为稳定的经济报酬，为员工提供了基本的生活保障和稳定的收入来源。

绩效工资。绩效工资是根据员工的年度绩效评价结果而确定的对基础工资的增加部分，它是对员工的优良工作绩效的一种奖励，也称浮动工资。它随着员工工作绩效的变化而变化，反映不同员工或不同群体之间的绩效水平的差异。

奖金。奖金是对员工的超额劳动和贡献给予的报酬，也称激励性工资，分为个人奖励和团队奖励。奖金与员工未来业绩挂钩，它在实际业绩达到之前就已经确定。奖金的支付对象是正常劳动以外的超额劳动，随工作绩效而变动，只付给那些符合奖励条件的企业员工。因此，与基本工资相比，奖金具有非常规性、浮动性和非普遍性的特点。

津贴补贴。津贴补贴是指对员工在特殊条件下的劳动消耗或额外生活支出的补偿。如对夜班工作的员工会给予夜班工作津贴，对出差的员工会给予一定的差旅补助。通常把与工作联系的补偿称为津贴，把与生活相联系的补偿称为补贴。通常使用的有岗位津贴、加班津贴、轮班津贴等。

福利。福利指企业依据国家的强制性法令及相关规定，以企业自身的支付能力为依托，向员工提供的各种以非货币和延期支付形式为主的补充性报酬，包括国家法定福利和组织资源福利两个部分，旨在为员工生活提供方便与保障，提高企业员工工作和生活质量，增强员工归属感与企业凝聚力。

股权。股票期权是针对员工的一种长期报酬形式，主要包括员工持股计划和股票期权计划，员工持股计划主要针对企业中的中基层员工，而股票期权计划则主要针对中高层管理人员、核心业务和技术人才。

上述工资组成的各个部分，基本工资对应的是基本薪酬，绩效工资、奖金及股权属于可变薪酬，津贴、补贴和福利等属于间接薪酬。

3. 薪酬的功能

薪酬系统是组织人力资源管理的核心内容之一，每一个优秀组织的薪酬系统都具有相同的三个功能。

（1）保障功能

员工作为企业的人力资源，通过劳动取得报酬来维持自身的衣食住行等基本需要，保证自身劳动力的生产。薪酬的保障功能主要体现在满足员工的物质需求、安全保障需求以及精神和个人地位的需求三个方面。

（2）激励功能

报酬不仅决定员工的物质生活条件，而且是体现员工社会地位的重要因素，是全面满足员工多种需要的经济基础。报酬是否公平，直接影响员工的积极性。正常合理的报酬分配，有助于调动员工的积极性；反之，则会挫伤员工的积极性，从而丧失报酬的激励功能。薪酬激励功能的典型表现是奖金的运用。奖金是对工作表现好的员工的一种奖励，也是对有效超额劳动的报偿。

（3）调节功能

薪酬的调节功能主要表现在劳动力的合理配置和劳动力素质结构的合理调整两个方面。在通常情况下，企业一方面可以通过调整内部报酬水平来引导内部人员流动，另一方面对外则可以利用报酬的差异来吸引急需的人才。

（二）薪酬管理的内容与原则

1. 薪酬管理的含义

薪酬具有保障、激励和调节功能，这也体现了对薪酬进行管理的重要性，要使薪酬的功能得到充分发挥，必须进行科学的薪酬管理。薪酬管理是指以组织的发展战略为指导，在考虑各种影响因素的基础上，以员工的劳动或服务为依据确定其薪酬水平、结构和形式，并调整和控制薪酬的过程。通过薪酬管理，可以增强企业对人才的吸引力，留住符合企业需要的员工，激发员工的工作热情和潜能，最终促进组织目标的实现。

通过薪酬管理的概念，可以发现有薪酬水平、薪酬结构、薪酬形式、薪酬调整和薪酬控制等名词。

正确理解薪酬管理的含义，必须把握以下几点。

（1）薪酬管理是人力资源管理的重要一环，其目的在于实现组织的经营战略目标，因而薪酬管理必须服从并服务于组织经营战略，同时薪酬管理必须在组织经营战略和发展规划的指导下，与组织的其他管理环节相互配合，为组织经营战略的实现提供有力支撑。

（2）薪酬管理的直接目的是吸引和留住符合组织需要的员工，并激发他们的工作热情和各种潜能。因此，在薪酬设计过程中必须考虑组织内外因素的影响和作用，既要保持企业雇员薪酬水平的外部竞争性和内部公平性，又要保证各类薪酬组合方式在激励方面的有效性。

（3）薪酬管理工作绝不仅是为企业雇员发工资这么简单，它同企业其他管理工作一样，需要有科学、先进的管理理念做支撑，需要运用计划、组织、领导和控制等管理职能开展工作，尤其需要随着组织和社会的发展，不断进行调整和变化。

2. 薪酬管理的内容

（1）确定及调整薪酬水平

薪酬水平是指企业中各职位、各部门以及整个企业的平均薪酬水平。薪酬水平决定了企业薪酬的外部竞争性。企业需要确定其薪酬水平是跟随市场平均水平还是领先于平均水平。随着市场竞争的加剧和全球一体化水平的不断提高，人们关注的视角由关注企业整体薪酬水平转向了关注职位之间或不同企业同类工作之间的薪酬水平比较，并在这种薪酬水平的比较之下，重新做出选择。在人才竞争越来越激烈的今天，企业要吸引人才、留住人才，必须关注其薪酬外部竞争性问题，当薪酬水平尤其是关键岗位的薪酬水平落后于市场平均水平时，应在实际情况分析基础上及时做出调整。因而，同行业或地区中竞争对手支付的薪酬水平成为企业薪酬决策中需要考虑的重要影响因素。

（2）改善薪酬结构

薪酬结构不等同于薪酬构成，薪酬构成表明薪酬由哪几个部分组成，薪酬结构则指同一组织内各种工作或岗位之间薪酬水平的比例关系，包括不同层次工作之间报酬差异的相对比值和不同层次工作之间报酬差异的绝对水平。薪酬结构包含三个方面内容：组织内部以职位或等级区分的薪酬等级的数量，同一薪酬等级内部的薪酬变动范围（或薪酬变动比率），相邻两个薪酬等级之间的交叉与重叠关系。

薪酬结构合理与否，会对员工的流动率和工作积极性产生重大影响。如果薪酬结构不合理，不同层次工作之间差异小，即薪酬的内部差距小，从事重要的、复杂的、难度大的工作的员工，其薪酬与从事次要工作或辅助工作以及从事难度小、强度小的工作的员工没有差距或差距过小，薪酬趋向于平均主义和"大锅饭"，则有可能导致出现"想留的人留不住，不想留的人一个也不走"的被动局面。因此，企业应制定合理的薪酬结构。

此外，由于决定薪酬的一些因素，如劳动力市场价格、组织结构、竞争对手薪酬结构等因素的变化，原薪酬结构失去合理性，此时也必须对薪酬结构做适当的调整，使之趋向完善并起到激励作用。

（3）设计薪酬体系

薪酬体系明确了员工所在组织向员工付薪的依据和标准，它向员工传达了在组织中什么是有价值的，并且为向员工支付报酬建立了政策和程序。当前，国际上通行的薪酬体系主要有三种，即职位（岗位）薪酬体系、技能薪酬体系以及能力薪酬体系。其中，职位薪酬体系是指企业在确定员工的基本薪酬水平时所依据的是员工从事工作的自身价值；而技能薪酬体系所依据的是员工自身的技能水平；能力薪酬体系所依据的是员工所具备的胜任能力或综合性任职资格。

不同的组织会依据组织的性质、工作的特点、岗位的要求等选择不同的薪酬体系。其中，职位薪酬体系的运用最为广泛。发展至今，大多组织不再单纯采取某一种薪酬体系，而是根据工作的岗位不同，采取不同的付薪依据或标准，又或者将以上薪酬体系结合起来运用，分别设计不同的薪酬模块以考量工作、员工技能水平和能力素质。

（4）薪酬预算与成本控制

薪酬预算是指为了实现薪酬管理的目标而进行的一系列成本开支方面的权衡和取舍，包括对未来薪酬系统总体支出的预测和工资增长的预测。薪酬成本控制是运用成本控制的方法和手段，调整员工薪酬上涨的需求与企业成本控制之间的矛盾。

如果说薪酬预算作为薪酬管理的例行工作有一定规律可遵循，薪酬成本控制则相对复杂和困难。一方面，员工对薪酬有持续上涨的需求，而企业则希望通过控制薪酬成本以实现组织利润目标；另一方面，组织支付能力有可能跟不上薪酬成本扩张的要求。要解决这个问题，企业必须明确并贯彻其薪酬战略，在保证薪酬公平性和薪酬功能正常发挥的前提下，提高利润水平，同时把薪酬成本控制在组织预期的、能够承担的范围内。

（5）薪酬沟通

简而言之，薪酬沟通就是企业就各种薪酬信息，包括薪酬战略、薪酬制度、薪酬水平、薪酬结构等问题与员工进行全面沟通，让员工了解薪酬决策的过程，并对薪酬体系执行情况予以反馈，从而达到薪酬激励的目的。完善的薪酬管理既要保证薪酬方案制订的合理性和科学性，又要制定完善的沟通策略来宣传企业的薪酬政策，统一员工对薪酬的认识。

3. 薪酬管理的原则

（1）公平性原则

公平性原则包括内在公平和外在公平两个方面。

内在公平是指组织内部员工的一种心理感受。组织的薪酬制度制定以后，首先要让组织内部员工对其表示认可，让他们觉得与组织内部其他员工相比，其所得薪酬是公平的。内部公平既包括横向公平，也包括纵向公平。

外在公平是指与同行业内其他组织特别是带有竞争性质的组织相比，组织所提供的薪酬是具有竞争力的，即组织的薪酬设计与同行业的同类人才相比具有一致性。只有这样才能保证在人才市场上招聘到优秀的人才，也才能留住现有的优秀员工。因此，薪酬的外部公平实质上就是薪酬的外部竞争性。

（2）竞争性原则

在人才市场中，组织要提出富有吸引力的薪酬标准，才足以战胜其他组织，招到所需人才。但是组织的薪酬标准在市场上处于一个什么位置，要视该组织的财力、所需人才的可获得性等具体条件而定。竞争力是一个综合指标，有的组织凭借良好的声誉和社会形象，在薪酬方面只要满足外在公平性的要求也能吸引优秀人才。

（3）经济性原则

确定薪酬水平，除要考虑对员工的激励，还要控制成本。薪酬水平提高了，一般来说能使竞争性与激励性得到提高，同时人力成本也会提高。在确定薪酬时，一定要看投入与产出之间的关系，尽量用较少的投入换取较多的收入，这就是薪酬管理的经济性原则。

（4）激励性原则

激励性原则要求薪酬与员工的贡献挂钩。如果企业内部员工的薪酬与个人对企业的贡献之间的匹配性不强，没有起到很好的激励作用，就会引起员工的不满。因此，要反对平均主义，薪酬分配应适度向高岗位、关键人才、市场供给短缺人才倾斜。同时，要适当地拉开薪酬差距，让贡献大者获得较高的薪酬，以充分调动他们的积极性。

（5）合法性原则

组织的薪酬制度必须符合国家的政策和法律、法规，符合国家及地方有关劳动用工及人事的法律、法规，尤其要体现对劳动者的尊重、公正，避免不应有的歧视，这是薪酬管理应遵循的最基本原则。我国目前这方面的法律法规有《企业职工奖惩条例》《企业最低工资规定》《工资支付暂行规定》《关于企业工人职员停工津贴的暂行规定》《公司法》《破产法》等。

（6）战略性原则

薪酬设计要服从和服务于组织的战略需要。战略性原则要求我们在进行薪酬设计过程中，一方面，要时刻关注组织的战略需求，要通过薪酬设计反映组织的战略，反映组织提倡什么、鼓励什么、肯定什么、支持什么；另一方面，要把实现组织战略转化为对员工的期望和要求，然后把对员工的期望和要求转化为对员工的薪酬激励，体现在组织的薪酬设计中。

在薪酬管理的诸多原则中，内部的公平性和外部的竞争性是薪酬设计的两条根本性原则。

二、福利及福利管理概述

（一）福利的含义

员工福利，也称边际福利，是员工作为组织的一名成员而从组织内所获得的报酬。员工福利和员工的工资、奖金不同，它与员工的绩效无关，它是基于员工的组织成员身份而决定的。说它是边际福利，是因为它是在员工的工资边缘来支付的，不受员工工资的影响。员工福利是社会福利的重要组成部分，但是两者相比，员工福利的适用对象、资金来源及主要目的等方面均有别于社会福利。第一，员工福利的主要对象或享有主体是组织的成员，即员工；而社会福利的主要对象是社会所有成员（如文化教育卫生福利、住房福利或主要社会成员财政补贴）或某些特殊社会成员（如残疾人福利等）。第二，员工福利的资金来源主要是本单位自己提供的，或是从单位盈余、节余经费或是员工集资等途径获得的；而社会福利则是由国家或社会来提供资金的，如财政或社会团体的捐赠等。第三，组织提供员工福利的目的是保障组织员工的生活需要或员工劳动力再生产的需要，是组织给予员工劳动的一种补充报酬；而社会福利是为了满足全体社会成员或主要社会成员或一些特殊社会成员的基本生活需要，保障社会公平，维护社会稳定。

我们这里所说的福利主要是指企业为员工提供的除金钱之外的一切物质待遇。本质上说，福利只是一种补充性报酬，它往往不以货币形式直接支付给员工，而是以服务或实物的形式支付给员工，例如带薪休假、成本价的住房、子女教育津贴等。这些福利待遇都具有间接性雇员收入的性质。福利管理是一个越来越受到重视的问题，原因在于：一方面，许多国家的法律规定企业必须做出具体的福利计划和对雇员及其组织做出承诺；另一方面，企业为了加强对雇员的激励，也把提高福利水平、加强福利管理作为调动雇员积极性的重要措施。随着福利类型的增多，福利开支已成为雇员收入的一个重要组成部分，而且还有上升的趋势。

（二）福利管理

1. 福利管理的主要内容

每个企业向员工提供的福利不同，这实际上体现出了不同的企业文化和价值观，因此，对于企业来说，对福利进行有效管理非常重要。有些企业虽然在福利方面投入不少，但是由于管理水平不高，没能取得理想的效果，甚至出现人员离职、企业效益下降的情况。这也说明，福利管理作为非常重要的工作，想做好它也不是轻而易举的事情。

福利管理的内容很多，下面主要对设计福利的目标、核算福利的成本、福利的沟通、福利调查、福利的实施等进行分析。

（1）福利的目标

企业的情况和性质不同，提供的福利也不一样，这体现了企业不同的福利目标。虽然存在不同，但也有一些相似性。主要包括符合企业长远目标、满足员工的需求、符合企业的报酬政策、考虑员工眼前和长远需要、激励大部分员工、企业能担负得起、符合当地政府法规政策。

（2）核算福利的成本

在福利管理中，核算成本是重要的内容，需要管理者投入一定的精力。核算福利成本主要涉及的内容有：计算可能支出的最高福利总费用、与外部福利标准进行比较、进行主要福利项目的预算、确定每个福利项目的成本、制订福利项目成本计划、在满足福利目标的前提下降低成本。

（3）福利的沟通

福利涉及企业的支出，更涉及员工的切身利益，进行福利管理，要做好企业与员工的沟通，使企业的福利发挥出其应有的功能。在现实生活中，并非在福利上投入得越多，效果越好，员工对福利的满意度也与对工作的态度相关。

（4）福利调查

对于福利管理来说，福利调查十分重要和必要。主要的福利调查有如下三种：

①制定福利项目前的调查

了解员工对某一福利项目的态度、看法与需求。

②员工年度福利调查

了解员工在一个财政年度内享受的福利项目、比例，以及满意度。

③福利反馈调查

调查员工对某一福利项目实施的反应及是否需要改进或取消。

（5）福利的实施

福利管理中最具体的工作就是福利的实施，它关系到福利政策的落地、福利目标的实现以及福利效果的取得。具体来说，福利实施应注意以下六点。

第一，根据目标去实施。

第二，落实预算。

第三，有计划、有步骤地实施。

第四，有一定的灵活性。

第五，防止漏洞产生。

第六，定时检查实施情况。

2. 福利管理的原则

福利管理有一定的原则，主要包括以下几个方面。

（1）合理性原则

福利管理要注意福利的投入与产出，只有产出大于投入，福利对企业来说才是有价值的。因此，在进行福利管理时，一定要注意合理性，最好的情况就是用最少支出换来最大的利益。

（2）必要性原则

福利管理需要遵循必要性原则。有些福利项目是国家或地方规定的，具有强制性，企业需要严格按照规定执行，并尽量多地从员工的角度考虑福利的管理。

（3）计划性原则

凡事预则立，不预则废。福利管理也是如此，在实施福利前一定要计划先行，按照制订的计划有条不紊地实施，这样才能保障福利制度的顺利实施以及及时调整。

（4）协调性原则

企业为员工提供福利时，需要考虑员工的需要，也需要考虑员工的具体情况，有些员工的需要已经在社会上得到了相应的满足，企业就应该避免重复，确保福利的有效性和针对性。

第二节　薪酬管理的程序及制度设计

一、员工薪酬管理的程序

员工薪酬管理的基本程序包括以下几步。

一是明确企业薪酬政策与目标。企业薪酬管理首先要解决两个问题：一是采用什么薪酬政策和策略，如工资优先还是福利优先、业绩优先还是表现优先、工龄优先还是能力优先、需要优先还是成本优先等必须明确；二是确立合理的薪酬目标，如企业的薪酬水平与市场的薪酬水平相比，确定在低点（25%）处、中点（50%）处，还是高点（75%～90%）处，也必须明确，否则就无法进行下一步工作。

二是进行工作岗位分析与评价。工作岗位分析与评价是制定科学合理的薪酬制度的前提和依据。工作岗位分析，即对岗位工作的性质及其内容进行分析。采用一定的技术方法全面地分析组织中各职位的工作任务、职责情况，并在这一基础上对各种工作的性质及特征做出描述，对担任各种工作需具备的资格条件做出规定，这为工资奖酬的决策奠定了基础。

三是实施具体的企业薪酬调查。

四是确定企业薪酬制度结构。

五是设定薪酬制度与薪酬标准。

六是执行、控制和调整薪酬制度。

执行薪酬制度：第一，建立工作标准，明确具体的工作流程及环节；第二，向员工解释说明薪酬制度的目的、意义、计算方法和结算方式。

控制薪酬制度：第一，建立员工绩效管理体系，做好员工业绩的动态考评；第二，通过有效激励机制和薪酬福利计划，做好表彰和激励工作。但是不能突破薪酬福利预算总额，要考虑企业的支付能力和战略规划，原则上按制度计划办事。

调整薪酬制度：在执行中如果遇到问题，如部门之间待遇不公平，薪酬总水平较低或过高，物价指数上升影响员工实际收入等，这就需要调整原来的薪酬福利水平或调整分配标准等。

二、员工薪酬制度设计

（一）员工薪酬制度的基本形式

在我国从计划经济走向市场经济之后，企业有了一定的自主权，在薪酬制度方面也从国家统一制定转变为企业根据自身需求依法依规合理选择。经过不断的改革，现代企业中存在许多种薪酬制度。具体来说主要有四种，分别为绩效薪酬制、能力薪酬制、工作薪酬制和结构薪酬制。

1. 绩效薪酬制

所谓的绩效薪酬制，就是按照员工的劳动绩效对员工的薪酬进行确定，员工的劳动绩效量不同，薪酬也会发生变化。典型的绩效薪酬制有计件工资、销售提成工资、效益工资等。

绩效薪酬制有自身的特点和不完善之处。其关键之处是要对绩效有准确客观的监督和评估。

优点：有直利于员工工资与可量化的业绩挂钩，将激励机制融入企业目标和个人业绩的联系之中；有利于工资向业绩优秀者倾斜，提高企业效率和节省工资成本；有利于突出团队精神和企业形象，增大激励力度和企业的凝聚力。

缺点：容易导致对绩优者奖励有方，对绩劣者约束欠缺的现象，而且在对绩优者奖励幅度过大的情况下，容易造成一些雇员虚报业绩的行为。

2. 能力薪酬制

能力薪酬制是以员工的综合能力为标准，对员工的薪酬等级和标准工资进行确定的制度。确定能力薪酬时，需要对员工的能力进行考核，确定其能力大小和变化，然后以此为基础进行薪酬工作标准及变化的确定。职能工资、能力资格工资是比较常见的能力薪酬制度。

能力薪酬制比较适合维修厂和制造厂等中小型组织，因为这些组织对能力的要求较高，而且人员数量少且比较固定，便于能力薪酬制发挥其作用。

3. 工作薪酬制

工作薪酬制是指在确定员工的工资时，以其在组织中担任的工作为依据，工作的性质以及对其的各方面要求是决定其薪酬的重要因素。与能力薪酬制相比，工作薪酬只考虑员工担任的工作，不考虑其所具有的超出本职工作要求的能力。岗位工资制、职务工资制都属于工作薪酬制。

组织采取工作薪酬制有一个重要的前提，就是有对组织工作的明确等级和评价。在评价中，只对其职务和岗位进行分析，在确定员工工资时，将其担任的工作及任职能力都考虑在内，薪酬随着职务的变化而变化。

4. 结构薪酬制

结构薪酬制是国内外许多企业大都采用的一种薪酬制度。它是指员工的薪酬由不同的部分组成，薪酬的这些部分是根据员工的职务、能力、绩效和资历等各种因素确定的，能够全面地反映出员工的付出。结构薪酬制最典型的就是我国公务员的职务工资，此外也包括岗位技能工资制、薪点工资制、岗位效益工资制等。

从结构薪酬制的确定方式来看，其融合了绩效薪酬制、能力薪酬制、工作薪酬制的优点，可以充分发挥薪酬的各种功能，因此也具有较大的灵活性，对于合理安排不同员工的工资，激发员工的工作热情有着积极的意义。结构薪酬制的特点及优点使其具有较为广泛的适用范围，不论是大企业还是小企业，不论是管理人员还是普通员工，都可以采用结构薪酬制，需要注意的是在运用过程中要有所侧重。

（二）薪酬设计的影响因素

企业设计薪酬时，既要考虑外界环境的变化，也要考虑企业内部的具体情况。在设计好薪酬方案后，要保持相对稳定性，但也要根据情况的变化和形势的要求进行及时的调整。对于现代企业来说，影响其薪酬设计的因素有很多，主要包括以下三大因素。

1. 外部因素

影响薪酬设计的外部因素主要有国家政策和法律、劳动力市场供求状况、经济发展状况与劳动生产率、物价变化与生活水平、行业薪酬水平的变化等。

2. 内部因素

影响薪酬设计的内部因素也有很多，下面对这几种内部因素进行具体分析。

（1）企业的行业性质和特点

不同行业性质与特点的企业，其在工作性质、技术特点、员工素质与竞争形势方面都不一样，因此也必然有相适应的薪酬制度。

（2）企业的支付能力

员工的薪酬是企业的重要支出，企业只有在有较强的支付能力时，才能有充足的资金用于员工薪酬。因此，员工薪酬受到企业支付能力的制约。只有企业的生产效率不断提高，企业的经济效益才能保持较好的水平，员工也就能获得较高的薪酬。

（3）薪酬战略与发展阶段

企业的薪酬设计与企业的薪酬战略和所处的发展阶段有着重要的联系，两者之间应该相互适应。

处于不同发展阶段企业的薪酬战略如下。

①初创阶段

薪酬策略关注的是操作性和激励性，表现出非常个人化的随机性报酬，在薪酬评价上以主观为主。

②迅速成长阶段

经营战略是以投资来促进公司的成长，薪酬战略注重刺激因素的运用，以利于形成一个创业型的管理群体。

③成熟阶段

经营战略基本上以保持利润和保护市场为目标，平均薪酬水平与中等程度的刺激、鼓励以及标准福利水平相结合。

④衰退阶段

经营战略是获得利润并向别处投资，标准福利与低于中等水平工资相结合，适当的刺激和鼓励直接与成本控制联系在一起。

（4）企业的工作文化

企业的工作文化是企业的重要组成部分，是影响企业薪酬设计的重要内部因素。企业工作文化主要有四种，分别为功能型工作文化、时效型工作文化、流程型工作文化和网络型工作文化。

（5）薪酬政策与人才价值观

企业的薪酬设计受薪酬政策与人才价值观的影响。

薪酬政策体现了企业的分配机制，对企业利润积累和薪酬分配的关系有着直接的影响，不同企业的薪酬政策不一样，有的注重利润的积累，有的注重利润与薪酬分配的平衡，这就导致不同企业之间的薪酬存在差异。

不同企业的人才价值观也存在不同，这也会导致薪酬水平的不同。重视人才的企业往往会给员工设计较高的薪酬。

（6）公司变革与领导态度

企业在运行过程中，会遇到各种问题，也会不断进行变革。企业的领导者在企业变革过程中起着关键的作用，需要做出正确的决策。薪酬设计一定程度上服务于企业的变革。

而领导也对薪酬的设计有着自己的看法。有的领导重视人才的作用，注重薪酬对员工积极性的调动，注重薪酬对企业变革的影响。因此，企业领导的态度以及企业的变革对企业薪酬的设计有着重要的影响。

3. 员工因素

（1）员工所处的职位

员工的职位差异首先表现在职位的专业类型方面。例如，生产操作、销售、技术研发和行政管理等职位就具有不同的专业特点，相应地，薪酬支付方式会有所不同。员工的职位差异还表现在职位的等级和重要程度方面的差异，如普通操作人员、基层管理者、中层管理者、高级管理者等。不同的职位意味着任职者所须承担的职责、所须具备的技能以及所须付出的努力会有所差别。

（2）员工的绩效表现

通常来说，每个员工的绩效水平最终决定了企业的绩效水平。因此，将员工薪酬与其绩效表现联系在一起，利用薪酬对员工的激励作用，可以最终促进企业的绩效。绩效薪酬在一定程度上可以弥补岗位薪酬所产生的问题，因为在相同的职位上，不同员工的业绩可能有很大的差别。

（3）工作技能

员工的工作技能影响着其薪酬水平。在当今时代，人才成为企业之间竞相争夺的资源。也只有具有较高工作技能的人，才能成为企业的香饽饽。一般来说，掌握关键技术的专业人才以及阅历丰富的员工通常深受企业的欢迎，往往会获得较高的薪酬。

（4）员工的资历

一般来说，员工的薪酬水平与其资历高低呈正相关。资历高的员工，其在学习中耗费的时间和精力也多，其一般对企业的付出也较多。资历高的员工获得高的薪酬水平，也是为了激励和奖励员工，使员工不断学习进步，不断为企业做出贡献。

（5）员工的需求偏好

员工的需求偏好也对员工的薪酬水平有一定的影响。员工的需求偏好不同，有的追求稳定的生活和工作，有的追求进步，注重自我价值的实现。只有根据不同员工的需求偏好设计薪酬，才能满足员工的个性化需求，也才能真正发挥薪酬的功能。

（三）薪酬设计的基本流程

薪酬设计必须依照一定的原则，按一定的步骤进行。现在比较通行的付给员工基本薪酬的模式是以职位付薪酬、以个人技能付薪酬和以绩效付薪酬，下面以职位薪酬模式为例，介绍薪酬设计的基本流程。

1. 制定薪酬策略

薪酬策略是根据企业最高管理层的方针拟定的，包括有关薪酬分配的政策与策略，如薪酬等级差异的大小，工资、奖金与福利费用的分配比例等。企业的薪酬策略既要反映企业的战略要求，又要满足员工的期望。企业的发展战略决定了企业的薪酬策略，企业的薪酬策略支持企业发展战略的实现。

2. 工作分析与工作评价

工作分析与工作评价是建立薪酬方案的依据。

（1）工作分析

工作分析又叫职位分析，其任务是通过职位分析形成清晰的组织结构图和职位说明书体系，这是做好薪酬方案设计的基础和前提。

（2）工作评价

工作评价又叫职位评价。职位分析反映了组织对各个职位的期望和要求，但并不能揭示各项工作之间的相互关系，因此，要通过职位评价来对各项工作进行分析和比较，并准确评估各项工作对组织的相对价值，得出职位等级序列。通过职位评价，可以得到每一职务对组织的相对价值的顺序、等级、分数或象征性薪酬额。职位评价完成后，会进行职位分类，划分不同职系或者不同职位级别。

3. 市场薪酬调查

工作评价的结果确定了职位之间的相对价值，从而解决了内部公平性问题。但企业要吸引并留住员工，不仅要重视薪酬的内部公平性，更需要重视薪酬的外部竞争性。因此需要开展市场薪酬调查，了解本地区、本行业的薪酬状况，尤其是竞争对手的薪酬情况，并将市场薪酬调查的结果与工作评价结果相结合，企业就可以制定反映各职位平均市场价值的市场薪酬线。

4. 薪酬竞争战略定位

企业是否完全按照市场薪酬线来确定实际的薪酬水平，取决于企业的薪酬竞争战略定位。企业的薪酬竞争战略定位包括领先型、匹配型、拖后型和混合型。根据薪酬竞争战略定位，企业对得到的市场薪酬线进行修正，形成企业的薪酬政策线，从而将职位的评价点值转换为具体的金钱价值。

（1）领先型战略定位，即企业的薪酬水平高于相关劳动力市场的平均水平。在这种战略指导下，企业薪酬政策线要高于市场薪酬线。

（2）匹配型战略定位，即企业的薪酬水平与相关劳动力市场的平均水平大致相当。这种战略的薪酬政策线与市场薪酬线重合。

（3）拖后型战略定位，即企业的薪酬水平落后于相关劳动力市场的平均水平。采用这种战略的企业，其薪酬政策线要低于市场薪酬线。

（4）混合型战略定位，即企业在确定薪酬水平时，是根据职位的类型或者员工的类型来分别制定不同的薪酬水平决策。比如，对关键人员提供高于市场水平的薪酬，对普通员工实施匹配型的薪酬政策，对随时可替代的员工提供低于市场价格的薪酬。

5. 薪酬结构设计

从理论上讲，在确定了薪酬政策线以后，薪酬管理工作就可以告一段落了，因为此时企业内各职位的实际薪酬水平已经确定。但在实践中，这种做法是不现实的。尤其是当企业内职位较多时，为每一个职位设定一个薪酬水平，后续的薪酬管理工作将会很麻烦，管理成本也会很高。另外，这种薪酬结构也不利于工作轮换。通行的办法是将评价点数比较接近或者排序位置相邻的多个职位划为一个等级，而且每一个等级确定一个薪酬浮动区间，同时相邻等级薪酬之间相互重叠，从而构成薪酬等级结构。

薪酬结构指同一企业内部不同薪酬等级之间的相互关系，包括薪酬等级数量、变动范围及相互间的交叉和重叠关系，显示的是各岗位相对价值和与其对应的实付薪酬间的关系。现实生活中不存在绝对完美的薪酬等级结构，薪酬管理人员必须结合企业的实际情况和发展战略，综合考虑各种薪酬结构的管理成本、公平性以及灵活性，从中选择与企业最匹配的薪酬结构。

6. 薪酬方案的实施、修正和调整

在实施薪酬方案过程中要不断修正偏差，使方案更加合理和完善。另外要建立薪酬管理的动态机制，根据组织经营环境的变化和组织战略的调整，对薪酬方案适时地进行调整，使其更好地发挥作用。

（四）薪酬设计的具体方法

在组织的薪酬体系中，基本薪酬是最基础的部分。基本薪酬的设计，通常要考虑两个因素：一是内部公平性，这主要通过职位评价来实现；二是外部竞争性，这主要通过薪酬调查来实现。在分析了薪酬方案设计流程的基础上，下面重点讨论职位评价和薪酬调查的具体方法。

1. 职位评价

职位评价是在对职位分析的基础上，对职位承担任务的难易程度、责任范围、工作强度、所需要的资格条件等因素进行分析，形成对企业职位价值的评价。职位评价针对的是企业中的职位，而非企业中的员工。职位评价的方法有排序法、归类法、要素计点法等。这几种方法各有特点，但在实践中最常用的还是要素计点法。

（1）排序法

排序法根据特定的标准，如工作的复杂程度、贡献大小等，对各岗位的相对价值进行整体比较，按照相对价值的高低排列出次序，适用于职位较少的小型企业。排序法是最简单的一种职位评价方法。由于没有客观的评价尺度，评价的主观性较大，而且各职位之间的确切的差距也不清楚。

（2）归类法

归类法通过制定出一套职位级别标准，将职位与标准进行比较，并归到各个级别中。标准的制定通常是将企业所有职位划为若干类型，如管理类、研发类、销售类等。每类职位再分若干等级，岗位越复杂，分级就越多。一般适用于小型的、结构较简单的企业。

（3）要素计点法

在实践中，最常用的工作评价方法就是要素计点法。要素计点法要以分析工作为前提，然后以每个职位在薪酬要素上的得分为依据，确定各个职位的价值。

一般来说，只有对所有的职位进行了评价，职位之间的相对价值才是可信的，但是对所有的职位都进行要素计点法评价，费时费力，需要支出的成本较大。因此，在现实中，一般只对较为典型的职位进行评价，再通过比较对所有的职位进行确定。

2. 薪酬调查

在薪酬设计过程中，薪酬调查是一项常规性的工作。所谓薪酬调查就是通过各种调查手段，来获取相关组织和本组织各职务的薪酬水平及相关信息。

员工薪酬调查一般来讲有以下四大步骤。

（1）选定相关行业和职位

不同的行业可能有很多种不同的薪酬结构，即使是相同的职位名称，其工作内容和职责也会有很大的区别。

（2）确定调查范围

调查范围包括要调查的公司的类型和数目，具体情况要根据调查的目的而定。

（3）开展实际调查

应事先拟定好调查提纲，设计好调查表格，再着手实际调查。

（4）整理和分析调整数据

薪酬调查的数据主要包括薪酬标准、薪酬结构和薪酬政策等，要对收集到的数据进行整理和分析，进行分类和核对。

第三节　福利方案的设计与实施

一、员工福利设计的目的

福利与薪酬同为员工成本的一部分，但事实上福利与薪酬对于企业而言还是存在很大差异的。因此，越来越多的企业开始重视员工福利在管理中的激励作用。

(一) 可以享受税收等政策性优惠

政府为了鼓励企业为员工提供福利，一般会给予企业一定的优惠政策，如税收优惠，这也是企业实行福利的一个重要原因。对于员工来说，政府也为了提高其生活质量，对其福利方面的收入会给予税收减免，或者延期缴纳。员工的收入水平越来越高，所得税占的比例也不断增大。在现代企业中，薪酬福利管理要符合法律法规规定，也要尽可能减少税额，因此，企业愿意通过给员工提供福利的方式，实现这种目的，同时还能激发员工的工作热情和积极性，提高企业的经济效益。

(二) 有利于吸引和留住员工

员工加入某一组织，很大一个影响因素就是薪酬水平，但随着时代的发展，薪酬已不是唯一的因素，企业的福利计划越来越被员工看重。通过提供有吸引力的福利，不仅可以吸引高素质的人才加入企业，也可保持现有员工的稳定性，保证企业的正常运转。为了吸引人才，留住人才，企业愿意花费心思来设计福利方案，满足不同员工的个性化需求，尤其是在薪酬水平相对稳定的情况下，福利的设计对于员工的加入与留人非常重要和有效。

(三) 工会组织认同福利方式

许多国家存在工会与企业之间的集体谈判机制。在劳动力市场供大于求的情况下，通过谈判，工会很难在薪酬水平上让企业让步。在世界各国工会力量减弱的今天，工会更倾向于实现会员在福利方面的愿望。因为对工会而言，为工会会员争取到福利是一种非常直观的成果，员工能真真切切地感受到。

（四）获取规模效益和降低人工成本

企业为员工提供的福利，大多与员工的工作与生活有着密切的联系，有的甚至是其生活和工作的必需。从支出成本来看，企业通过团购为员工提供福利，比员工个人购买付出的成本显然要少很多。因此，无论企业，还是员工都能通过福利获得一定的利益，实现"双赢"。

当然，在许多国家和地区，福利是"必须"的，即某些福利是政府通过立法形式规定强制建立的，作为企业是不得不执行的。虽然有些企业的福利项目过多，增加了管理成本，有些福利的设置也违背了设置的初衷，如带薪病假导致员工缺勤率的上升等，但不管怎样，明显的趋势却是：员工福利的水平不断上升，员工福利的形式日益多样化。

二、员工福利的设计与实施

全世界拥有数量巨大的企业，但是对任何两个企业来说，其所采取的福利制度都不是完全相同的。因为，企业各自的实际情况不同，采取的福利制度也必须与企业的现实情况相符，满足各自企业员工的不同需求。福利体系相当复杂，其本身的内容丰富，再加上受到企业现实情况与员工个性化需求的影响，要设计一个合理的福利并非易事，需要全面考虑，慎重决策，实事求是。

对于我国来说，员工福利的发展还不成熟和完善，许多企业简单地从成本或者同行业的情况出发来进行福利设计，这容易导致设计的福利不符合自身情况，难以获得理想的效果。因此，对福利进行科学设计与管理很有必要。

（一）提供什么样的福利

1. 了解法律法规

企业提供的有些福利是国家法律法规规定的，具有强制性，这就使得员工认为这种福利是自己应得的，对企业来说，福利的效果并未实现。因此，现代企业要对法律法规进行准确了解，严格按照规定提供福利，并与员工做好沟通工作，让员工意识到企业在福利方面的付出。

2. 进行福利调查

企业向员工提供了福利，但是员工却没有获得福利的感受，很大的原因是企业提供的福利不够好，或者没有满足员工的个人需求。因此，进行福利调查是很有必要的。通过福利调查，要了解员工期望获得的福利项目以及提供福利的方式等情况。具体可以采用问卷调查、面谈的方式，也可以收集政府相关机构或者咨询公司的数据信息资料，为自己企业的福利设计提供可参考的依据。

3. 进行福利预算

企业为员工提供福利，也是企业的一大支出，需要企业考虑自身的经济状况以及支付能力，这就要求设计福利时，要做好预算。进行预算的目的是合理地控制福利成本，保证设计的福利，企业能够负担得起，同时又不影响企业的正常运转与后续发展。因此，在进行福利预算时，一定要准确分析企业的发展状况。另外，福利具有动态性，在预算时也要有发展的眼光，对福利的变化情况有一定的预测，做好福利计划。

（二）为谁提供何种福利

企业设计福利，还要考虑福利的对象，是全体员工还是部门员工，员工获取福利的优先级别，员工的福利是否应该差异化，福利对象的需求如何满足。现代很多企业的福利设计都做到了区别化，或者根据职务的性质，或者根据能力水平分类设计。总之，在设计福利时，要注重其激励功能，以发挥其激励作用为福利设计的重点考量。

（三）福利计划的实施和管理

福利的内容和对象确定了以后，就是实施福利了。在实施福利的过程中，需要做好三个方面的工作，主要为福利组合、福利沟通以及福利监控。

1. 福利组合

确定员工福利类型和员工福利组合，人力资源管理部门要会同工会、职工代表以及财务等相关部门共同工作，审核员工福利申请，保持福利计划的稳定性和持续性。

2. 福利沟通

福利沟通比直接薪酬沟通要困难，专业性很强，有必要设计一种完善的模式，采取有计划的、持续的方式与员工进行福利信息的沟通。

3. 福利监控

福利会随组织外部和内部的情况而发生变化，组织应密切关注相关法律政策，自觉检查福利计划的合法性；关注外部市场的薪酬、福利变化状况，注意内部员工福利需求的变化等，及时调整福利计划。

　　福利工作对员工的工作热情及企业的发展十分重要，而且专业性较强，对企业相关工作人员的要求较高，随着形势的不断变化以及员工自我意识的增强，福利工作的难度越来越大，因此，相关工作人员要不断提高福利专业水平，还要学习管理与经济知识，通过综合素质的提升来适应福利工作的新变化与要求。

第五章 企业人力资源管理发展策略

第一节 企业人力资源管理角色发展

一、人力资源管理角色的内涵

（一）人力资源管理角色的基本概念

社会学领域中的角色主要是对个体而言。但在组织管理研究中，"角色"一词的内涵和外延都得到了拓展，不仅可以用来指微观层面上的个人，如管理者角色、企业家角色等，也被广泛运用到中观层面和宏观层面，如人力资源管理部门的角色、业务部门的人力资源管理角色，或跨国公司子公司的角色等。从本质上讲，人力资源管理角色是对角色概念的应用与延伸，是在管理学、经济学等不同学科领域下人们对人力资源管理职能价值的思考。

人力资源管理角色研究萌芽于 20 世纪 70 年代，在 80 年代得到发展，在 90 年代则实现了战略性转变，并成为 21 世纪战略性人力资源管理研究的一个重要主题。作为一个新的研究领域，人力资源管理角色概念的内涵和外延还没有得到充分认识。

一般而言，人力资源管理角色的内涵主要包括两层含义：第一，它代指人力资源管理的功能性角色，反映了由人力资源管理职能承担的任务内容，以及由此体现出的人力资源管理职能在组织中的地位、关系和作用；第二，它代指人力资源管理者的角色，反映了从事相关人力资源管理职能活动的个人（既可以是人力资源管理专业人员，也可以是公司内部的业务管理者，还可以是组织之外第三方服务机构的工作人员）在具体工作中表现出的一套行为模式。第一层内涵主要概括了人力资源管理部门的基本理念，第二层内涵则主要反映了人力资源管理者的行为特征。

鉴于人力资源管理职能角色与人力资源管理者角色并不能被完全割裂，本书并不刻意区分两者在内涵上的差异，而统一采用"人力资源管理角色"这一术语进行表述，但在具体研究中将主要针对人力资源管理的职能角色展开探讨，即立足组织层面、探讨人力资源管理职能角色的结构特征，剖析人力资源管理职能角色的演化过程与形成机制，并探讨我国企业人力资源管理角色的发展现状。

基于上述分析，这里将人力资源管理角色概念表述为：在组织战略目标实现与价值创造过程中，由企业人力资源管理部门或人力资源管理人员遵循的行为规范、社会期望和组织地位，以及由此发挥的具体作用。在具体的组织情景下，人力资源管理角色既可能体现为人力资源管理专业人员的角色，也可能体现为业务管理者的人力资源管理角色，还可能泛指人力资源管理职能的角色。

（二）人力资源管理角色发展的基本概念

1. 企业人力资源管理角色发展的内涵

"角色"一词主要是社会学中提出的，并由其下定义，简单来说，角色即特定模式，只是这种模式具有一致性、规范性，"角色"不是简单、虚幻的内容，其中包含着人们对具有特定身份人的行为期望，这个期望是构成社会群体和组织的重要基础。

人力资源管理角色是对社会概念的一种延伸、发展，将其与角色的定义进行合并，即为人们对企业人力资源管理部门和人员的期望。这个期望也可以看作人力资源管理发展的目标。在企业的发展中，人力资源管理部门是极为重要的，研究其在企业发展中的角色变化，其目的主要是分析企业内部人力资源管理的职能，在具体的人员调动上，体现对企业人员的组织职能。人力资源管理在一定程度上影响着企业的战略目标的形成，战略目标的具体实施是在人力资源管理角色转变中实现的。

对人力资源管理角色进行研究，主要是为了明确人力资源管理的位置。角色研究内容主要包括角色形成、角色转换和角色演化等。研究角色的发展过程，深入分析角色的定位，细化角色，能够全面考虑企业发展的路径和主线，并在研究中创新、转变多种形态。人力资源管理角色处在动态变化的过程中，在不同的经济条件下，角色细节会有较大的不同，在企业中也会发挥不同的作用。

2. 企业人力资源管理角色发展的内容

人力资源角色发展，是指在经济全球化的大背景下企业人力资源管理者在发展中对进行新的角色定位研究的内容。不同的经济环境下，人力资源角色发展情况不同，了解人力资源管理角色的发展情况，有利于提高企业对人力资源管理的认知水平，能够明确定位，制定合适的管理制度、手段，同时也能够提高人力资源管理工作质量和水平。对于人力资源管理角色的发展变化，可以将其看作研究企业职位变化的关键线索。企业中"人"的角色的变化也是职位变化的反映，企业中职能角色变化不是静态的。在很多企业中，人力资源管理角色处在暂时性的地位上，在一定程度上受到确定性角色期望的影响，暂时性变化还会因为人力资源管理部门的需求、个人角色的期望以及某些利益条件的变化而变化。

企业要想促进人力资源管理水平的提高，推动角色发展，可以按照人力资源发展变化的机制从不同的角度观察影响人力资源角色发展的因素，以此提高人力管理决策的准确性。

二、企业人力资源管理角色发展的策略

在经济全球化的大背景下，世界经济竞争日益激烈，在经济竞争中，知识与人才竞争成为现代经济竞争的重中之重，也可以说经济竞争的本质属性就是知识与人才的竞争，企业要想实现发展，就要提高企业的经济竞争实力，经济实力的提升离不开"人才"，企业中人力资源管理则为企业的发展输送高素质、全方面发展的人才。企业的人力资源管理主要是对企业内外的人力资源进行合理的配置、管理，保证各个部门的人力需求，满足企业经济发展的需求。在进行人力资源的运用上，应该坚持"以人为本"的原则，重视企业人才的作用，根据企业经济的发展形势促进人力资源管理观念的转变，促进企业的人力资源管理。

（一）多视角下的人力资源管理角色发展动因

1. 被动接受视角下的人力资源管理角色发展动因

被动接受视角一般认为，人力资源管理角色变化是对外界环境变化的被动接受。人力资源在特定的时期会呈现出短暂性的角色稳定状态，呈现出共同的角色特征。但这种稳定性不是恒定的，在纵向时间内，就会发生差异化。在角色纵向发展过程中，人力资源管理职能发生转变，逐渐由行政管理向战略合作的角色转变，这是受到了当今的经济世界的外部综合因素的影响。人力资源管理角色发展主要受到以下因素的影响。

（1）技术特征的影响

外部世界的技术＝生产技术＋管理技术＋信息技术，其中外部世界技术是随着自变量而发生变化的，只有生产、管理、信息技术提高，外部技术水平才会提高。

其中，信息技术的应用对人力资源管理角色变化起着重要的作用，会直接影响企业人力资源角色的形成、演进，能够对市场人力资源的信息和流动情况进行控制，能够控制人

力资源的结构位置，促使企业管理者能够获得充分的人力资源信息。随着知识经济和经济全球化的发展，高层次人才已经成为国际性的紧缺资源。企业要想实现发展，就要重视推进日常管理工作的发展进程，在企业发展中掌握知识管理的主动权，从而掌握经济人才，在市场经济竞争中占据主导地位。但是，信息技术的应用也会受到一些因素的影响，在一定的条件下，信息技术的使用会受到技术系统以及技术使用员工的感知差异的影响，由此在人力资源管理角色的定位上，企业应该根据组织技术环境的特征不断调整。

（2）产业关系体系

产业结构关系是平衡治理代理人、雇主和雇员关系的重要方式，产业结构在现代企业的发展中，对于人力资源管理角色发展有重要的影响。产业关系的影响主要体现在制度约束上，在一定程度上会阻碍人力资源管理实践活动的进行，在制约的过程中，都是由企业工会组织来实现的。在市场经济关系发展、变化中，工会组织的工作效率高，企业的人力资源管理作用将会显著降低。

（3）劳动力市场结构

根据研究可知，劳动力市场结构（价值观差异）影响人力资源管理结构的组成以及质量。在市场经济中，一旦出现新生劳动力，就会对企业的人力资源管理角色产生冲击，促使结构发生变化，同时市场雇佣模式的改变也会促使企业的人力资源管理职能发生变化。

2. 主动选择视角下的人力资源管理角色发展动因

主动视角下的人力资源管理的角色发展动因分别是组织战略和组织权力。企业的组织能动性对企业人力资源管理的角色发展具有推进作用，其中组织战略是极为重要的，企业要想发展，制定合适的组织战略，才能够提高企业在市场上的竞争力。一般来说，企业的组织战略包括独立性战略、防御性战略以及依赖性战略等多种方式，企业在市场经济中如何制定合适的战略是当前企业的发展必须思考的关键问题，同时企业的人力资源管理角色的发展变化也在一定程度上受到组织战略的影响。企业制定合适、科学的组织战略就是极为重要的，企业一旦出现战略选择性失误，就会对人力资源管理角色发展造成负面影响。

组织权力的影响主要体现在企业人力资源管理的行为以及政治策略等多方面，企业组织权力越大，企业的人力资源的管理层的权力就越大，越有利于信息传递和接收，信息传递、接收的过程会对相关人员的利益价值进行判断，企业能够根据相关评价准则来对人力资源管理的角色价值进行评价。由此看来，企业站在主动接收的视角上，加强组织权力以及组织战略的建设是很有必要的。对组织障碍以及权力的准确性进行研究，可以促进人力资源管理角色的健康发展，由此提高战略的准确性。

3. 共同演化视角下的人力资源管理角色发展动因

在共同演化视角下，主要是从全面的角度对人力资源管理角色的发展进行阐述，将角色变化、发展的动态过程表现出来。

（1）环境不确定性的影响

环境不确定导致企业的人力资源管理的角色呈现出暂时性的特点，随着市场经济的变化，人力资源管理结构也会发生变化。在企业发展的过程中，人力资源管理的职能逐渐从机械式向有机式转变，由集权向分权模式转变，由一体化向业务外包模式转变。企业的人力资源管理角色出现变化，企业的业务、人力资源管理者的角色也会重新分配，在企业发展的过程中，市场变量也会影响业务管理者的管理能力。企业要想实现发展，既要提高业务管理者的综合素质，也要确立明确的企业发展组织要求。

（2）组织文化的影响

要想明确企业的人力资源管理角色变化，就要对企业的组织文化进行了解。企业的组织文化受到人力资源管理能力、氛围影响，其中人力资源管理部门的社会资本影响人力资源管理职能构型，进而将对人力资源管理角色发展产生影响。组织价值结构直接影响人力资源管理职能构型设计，组织文化影响人力资源管理角色发展，如人力资源管理者与业务管理者之间的关系以及人力资源管理部门在组织网络中的地位等是潜在地影响员工对人力资源管理变革接受程度的重要因素。组织文化关系的改变将使得角色发生变化，高层管理人员的支持和开展人力资源管理工作的氛围对角色定位和调整有重大影响，因此，企业应该做好组织文化建设工作。

（二）人力资源管理角色的转换

当前，人力资源管理已成为管理的核心内容，其角色发生了重要转变。在全球逐渐迈入知识新经济时代的背景下，旧有的人力资源管理模式和定位已经无法处理现今面对的挑战和快速复杂的变化。既然"人才"成为企业最主要的竞争差异因素，人力资源管理就不应该停留于过去执行人事行政事务的配角上，而是应该顺应新时代、新使命的需求，转型成为企业管理的主流，协助高层主管妥善管理企业的人才，并发挥其最大的效益。

1. 人力资源版图的改变

由于新经济时代企业经营大环境的改变，人力资源管理的版图也相应地改变。人力资源管理部门应该被定位为一个服务及咨询的部门，为企业各个职能部门提供人员信息、绩效评估标准、组织和实施培训等，其主要改变如下。

（1）服务对象的改变

现代人力资源管理的服务对象由个别的员工变成企业主管、各级组织单位的主管以及企业的股东。

（2）工作重点的改变

工作重点由传统的强调人事政策的制定、执行以及福利措施的行政管理，变成强调、协助企业面对众多具体业务挑战的绩效管理工具，组织效益及发展的咨询。

（3）实现目标的改变

在实现目标上，由传统的强调内部控制、内部平衡以及稳定的工作环境，改变成为强调提供量身定制的不同解决方案、强化组织效能。只有在清楚认识以上这些转变的基础上，才能有效地掌握人力资源管理的新趋势，积极主动地改变和调整人力资源的角色，在协助企业面对新时代的挑战上，扮演积极有效的角色，为企业创造有效的附加价值，赢得最大的经济效益。

2. 人力资源的角色转型

我们在对我国人力资源管理进行研究的过程中发现，要提高人力资源管理的战略地位，实现人力资源管理与企业经营管理的全面对接，人力资源管理必须在企业中扮演战略伙伴、专家顾问、员工服务者和变革推动者四种角色。

人力资源管理通过这样的角色定位，必然能够有效地支撑企业的核心能力，帮助企业在激烈的竞争中获得竞争优势。这样的转变是知易而行难的，首先就要改变人力资源同人们的心态，然后要认真地构建这些新的能力和格局，同时也需要努力与其他企业主管沟通协调。这是一条艰巨但是必经的道路，只有认真执行，才会有所作为，才能协助企业从容面对当今这种大范围并且十分复杂激烈的竞争。

第二节　企业人力资源管理核心竞争力提升策略

一、企业核心竞争力的内涵及理论框架

（一）企业核心竞争力的内涵

企业核心竞争力是指企业独有的、能为企业带来消费剩余的、支持企业可持续性竞争优势的核心能力。确切地说，企业的核心竞争力是在企业长时间发展过程中形成的，蕴含

于企业内质的，企业独有的，能为企业带来价值性的，支持企业过去、现在、未来竞争优势，并使企业长时间内在竞争环境中能取得主动的核心能力。例如，在麦当劳快餐公司的核心竞争力中，除了具有快捷的服务体系之外，还有公司的价值观念和文化等深层次的内容，而这些深层次的内容是难以用语言、文字、符号来表示的。正因如此，企业的核心竞争力很难被竞争对手完全了解、轻易复制，从而成为企业独特的战略性资源。

企业核心竞争力具备以下几个主要特征：

第一，价值性。核心竞争力富有战略价值，使企业在创造价值、降低成本上优于对手，促进企业效率的提高。它能为顾客带来长期利益，为企业创造持续竞争的主动权，为企业创造超过同业平均利润水平的超额利润。

第二，稀少性。企业核心竞争力为企业独自拥有，是在企业发展过程中长期培育和积淀而成的，孕育于企业文化，深深融合于企业内质之中，为该企业员工所共同拥有，难以被其他企业所模仿和替代。

第三，延展性。企业核心竞争力可以有力支持企业向更有生命力的新事业领域延伸。企业核心竞争力是一种基础性的能力，是一个坚实的"平台"，是企业其他各种能力的统领。企业核心竞争力的延展性保证了企业多元化发展战略的成功。

第四，不可替代性。这就是说与某企业相比，其他企业不具有战略对等的资源。总体而言，一种能力越难以替代，它所产生的战略价值就越高。能力越是不可见，企业就越难找到它的替代能力，竞争对手就越难模仿它的战略以产生价值。企业的专有知识以及建立在经理与非经理员工之间信任基础之上的工作关系就是很难被了解，也很难被替代的能力。

第五，难以模仿性。有一种或几种原因可以产生难以模仿的核心竞争力。

首先，企业有时能基于独特的历史条件开发公司能力，即在公司发展过程中，企业不断地积累那些独特的、能反映它们特有的历史路径的能力和资源。

其次，企业竞争力和竞争优势的界限比较模糊也使核心竞争力难以模仿。在这种情况下，竞争对手无法清楚地了解企业怎样利用它的竞争力作为竞争优势的基础。结果使竞争者们不能确定他们需要建立什么样的竞争力，不能得到与竞争对手的战略所获得的同样的利益。

最后，社会复杂性是核心竞争力不易被模仿的第三个因素。社会复杂性意味着许多企业的能力是复杂社会现象的产物。这种例子包括企业经理之间以及经理与雇员之间的人际关系、信任、友谊和企业在供应商与客户之间的声誉。

在操作上，要使一种能力成为核心竞争力，就必须从客户观点来看，它是有价值的和难以替代的；从竞争对手来看，它是独特的和难以模仿的；从公司角度来看，必须具有延展性。

（二）企业核心竞争力的理论框架

企业核心竞争力理论框架主要包括核心竞争力的基本思想、核心竞争力的构成、核心竞争力管理。

1. 核心竞争力的基本思想

核心竞争力理论的基本思想可以概括如下。

第一，企业本质上是能力竞争力的集合体。核心竞争力是多种具有竞争优势的能力集合体而非单项具体的技能或技术。

第二，竞争力竞争本质上是公司竞争。竞争力竞争不是产品与产品或业务与业务之间的竞争，而是公司与公司之间的竞争。

第三，竞争力竞争有四个层次。竞争力竞争发生在由下至上的四个层次上：第一层次的竞争目标是开发与获取构成核心竞争力的技能与技术；第二层次是综合核心竞争力的竞争；第三层次的竞争出现在核心产品或者关于服务的核心平台；第四层次是最终产品份额最大化的竞争。

第四，核心竞争力价值是变化的。核心竞争力价值并不是永久不变的，而是随着时间的推移发生改变，某个 10 年内的核心竞争力到另一个 10 年就可能仅是一种一般能力。

2. 核心竞争力的构成

核心竞争力的构成可分为横向构成和纵向构成。

（1）核心竞争力的横向构成——核心竞争力的维数

基于普拉哈拉德的观点——"核心竞争力是多种技术（硬件与软件）、集体学习（多层次、多功能）和共享能力（跨业务与地理位置）三类要素的组合，具有这三类要素相乘的功能"。核心竞争力在构成上可以看成由具有竞争优势的核心产品竞争力、市场竞争力、知识技术竞争力、人员竞争力、组织竞争力在企业内的集成，用公式可表示为：

$$企业核心竞争力 = 核心产品竞争力 \times 市场竞争力 \times 知识技术竞争力 \times 人员竞争力$$
$$\times 组织竞争力 \qquad (5-1)$$

这里，市场竞争力主要是指公司的市场占有能力（公司产品在整个行业或地区的市场份额）、销售能力（销售渠道的宽广、销售额的多少）、客户关系管理能力（公司与客户所建立的关系是否稳固）；知识技术竞争力是指公司独有的且富有竞争优势的技术、技能、诀窍、专利、版权、业务流程等所表现出来的竞争力；人员竞争力是公司员工（特别是核心员工）所表现出来的竞争实力；组织竞争力主要是指企业独有的且富有竞争优势的知识管理能力、创新能力、企业文化、组织结构、战略决策、管理制度与方法、组织学习能力等。这四种竞争力与核心产品竞争力一同组合起来就构成核心竞争力。

（2）核心竞争力的纵向构成——核心竞争力层次

核心竞争力维数是从横向揭示其构成，而从纵向来看，核心竞争力可分为基本能力、关键能力、核心竞争力三个层次。

这里，基本能力是核心竞争力的构件块，基本能力可以分为如下几类：产品能力，即与核心产品在市场上所表现出来的竞争力；市场能力，即企业在市场中的营运能力，包括销售、广告、咨询、货品计价、客户满意监控等方面的能力；基础结构能力，即那些与公司内部运作有关的、外部不易见到的能力，如管理信息系统或内部培训；技术能力，即那些直接支持产品与服务的能力；员工能力。而关键能力主要是技术能力或市场能力，它们可以降低成本、提高产品或服务差异、快速进入市场或产生更大的竞争障碍；关键能力的建设是战略业务单位层次的一种关键战略要素。

3. 核心竞争力管理

核心竞争力是能力的集合体，更确切地说，是关键能力的集合体，它主要包括核心技术竞争力与核心营销竞争力两类。后者包含产品管理、定价、意见沟通、销售和分配。虽然每类竞争力可以一样强大，但是核心技术竞争力特别重要，因为它能跨越市场边界为核心产品提供优势基础。

要使核心竞争力观点在组织内付诸实践，整个管理团队需要全面了解并参与五项关键核心竞争力管理工作，即识别现有的核心竞争力、制订获取核心竞争力的计划、构建新的核心竞争力、部署核心竞争力、保护与保持核心竞争力的领先地位。

第一，识别现有的核心竞争力。管理核心竞争力的首要任务是编写核心竞争力一览表。这需要花大力气去从产品与服务中清理核心竞争力，区分核心与非核心竞争力，把各种技能与技术做有机的汇集与整合，最后确立能说明问题、富有洞察力与创见性，并能提升共享认识的核心竞争力定义，这往往需要数月而非几周的时间。为此，建议由几个团队来从事定义核心竞争力的工作，鉴别各种要素对每种核心竞争力的贡献，而且公司还要根据其他公司的核心竞争力对自己的核心竞争力进行基准检查。

第二，制订获取核心竞争力的计划。此阶段的首要任务是确定核心竞争力——产品矩阵。它能够区分现有的与新的核心竞争力以及现有的产品市场与新的产品市场。

第三，构建新的核心竞争力。建立一种世界领先的核心竞争力需要花费 5 年、10 年或更长时间，关键在于持之以恒。而要做到这一点，首先，公司内部对将要构建何种核心竞争力应该意见一致；其次，负责建立核心竞争力的管理团队应保持相对稳定。如果没有这种一致性，而各个不同业务单位又只顾建立单独的竞争力，那么公司在核心竞争力建设方面就会力量不集中，或根本不能构建新的核心竞争力。

第四，部署核心竞争力。要使核心竞争力在多种业务和新市场上发挥作用，常常需要在企业内部重新部署核心竞争力——从一个部门或战略业务单位转移到另一个部门或战略业务单位。许多公司有相当规模的核心竞争力存量——许多拥有世界级技能的员工，但是只有几乎为零的核心竞争力转移速度——在新市场机会中重新部署这些员工。虽然人力资源经理可以自豪地宣称人员是最重要的资产，但是缺少人力资本的分配机制，而这种机制能够巧妙与完全地执行资产分配程序。此外，公司还应该避免核心竞争力的地区分裂。

第五，保护与保持核心竞争力的领先地位。核心竞争力领先地位的丧失有多种方式，包括由于缺少资金而衰退下来、在部门化过程中变得不完整、由于疏忽核心竞争力被联盟伙伴带走或者当抛弃某项效益欠佳的业务时丢失核心竞争力等。如果高层经理不清楚核心竞争力状况，那么就无法保护公司核心竞争力免受侵蚀。部门经理应该被委以跨部门管理特定竞争力之责，并负责这些竞争力的健康发展。公司要定期召开"竞争力总结"会议，重点讨论竞争力的投资规模、加强组成技能与技术的计划、内部配置方式、联盟和外购的影响。

二、人力资源管理与企业核心竞争力的关系

（一）人力资源管理与企业核心竞争力的内在联系

1. 人力资源管理是企业核心竞争力的关键

由于企业核心竞争力是一个以企业技术创新能力为核心，包括企业的反应能力、生产制造能力、市场营销能力、连带服务能力和组织管理能力在内的复杂系统。而技术创新能力等诸项能力的状况与增强又取决于人力资源的状况与开发。因此，可以说企业核心竞争力的关键在于企业人力资源管理。离开了企业人力资源管理，企业核心竞争力便会成为无本之木，无源之水。

（1）企业核心竞争力的强弱取决于企业人力资源的状况

人力资源是企业首要的能动性生产要素。虽然人力资源与生产资料、资金、技术等一样都是企业的生产要素，在整个企业正常运营中缺一不可。但是，诸要素的作用却不相同，其中，唯有人力资源是起决定性主导作用的第一要素，是能动性要素，生产资料、资

金、技术等均被动地由人力资源使用与推动。企业人力资源与企业核心竞争力及其各组成部分的关系也正是这种主导与辅助、能动与被动的关系。企业科技人员的能力与水平决定了企业技术创新能力的强弱，企业经营管理人员的能力和水平决定了企业反应能力、市场营销能力和组织管理能力的强弱，企业生产工人的能力和水平决定了企业生产制造和连带服务能力的强弱，企业全体员工的整体素质和能力决定了企业核心竞争力水平。正是从这个意义上来说，企业人力资源的状况决定了企业核心竞争力的强弱。例如，海信集团，其成功的根本就是对人力资本的重视及其制度支持，海信一开始就注意到人力资本产权的重要性，尤其为科研部门设立了有效的激励机制，如提供良好的工作环境与待遇，激发了人力资本的积极性，正是技术、治理机制和学习能力相整合而形成的核心能力为海信创造了竞争优势。

（2）企业核心竞争力的培育过程是企业人力资源管理的过程

企业核心竞争力的培育过程可以划分为三个阶段。

第一，开发与获取构成企业核心竞争力的专长和技能阶段。

第二，企业核心竞争力各构成要素整合阶段。

第三，核心产品市场的开发阶段。

在企业核心竞争力的整个培育过程中，哪个企业能够获得最关键的技术、耗费的时间最短、核心产品市场份额最大，哪个企业的核心竞争力就最强。而在这个过程中，最关键的是要有足够数量的高素质人才。因此，管理企业人力资源自始至终地贯穿企业核心竞争力的培育过程。

企业人力资源的管理就是为了全面实施企业的发展战略，不断增强企业核心竞争力。而对员工的智力、知识水平和技术能力进行开发与提高，对员工的企业本位意识和敬业精神进行培育的全过程，有效的人力资源管理恰恰是与企业核心竞争力的培育密切结合而进行的，为企业核心竞争力的形成与增强奠定坚实的人力资源基础。

（3）企业核心竞争力的增强是企业人力资源管理的根本目的

不断增强企业核心竞争力既是企业自身发展的迫切愿望，又是市场经济条件下企业生存与发展的客观要求。必须全面、深刻地分析与研究增强企业核心竞争力的有效措施。从企业核心竞争力的内涵和构成以及一些成功企业的实践经验来看，全面系统地进行企业人力资源管理是增强企业核心竞争力的重要措施。企业人力资源管理是以企业全体员工为管理对象、对员工的智能进行的开发管理。

具体内容包括三个方面：一是启发、培养员工的智力，如理解力、思维判断力、想象力、创造力等；二是提高员工的技能、实际操作、运用创新技术的能力和科学技术、文化知识水平；三是充分调动企业员工工作积极性、主动性，培养其敬业精神。上述第一、第二方面是培养能力、挖掘潜能的过程，第三方面是促使其全部能力充分释放的过程。由以上管理内容所决定，企业人力资源管理是一个立体交叉开发系统，具体包括企业人力资源管理的规划系统、企业人力资源管理的投入/产出系统、企业人力资源管理的评估系统。

企业人力资源管理的根本目的是，通过对科技人员的管理增强企业技术创新的能力，通过对经营管理人员的有效管理增强企业反应能力、组织管理能力和市场营销能力，通过对生产工人的有效管理增强企业生产制造能力和连带服务能力。通过各方面能力的整合增强企业的核心竞争力。

在世界经济一体化、知识经济快速发展的当代，企业要生存和发展就要具有自己的核心竞争力，而企业核心竞争力的培育与增强需要企业不断地进行人力资源的开发。企业应高度重视人力资源开发对增强企业核心竞争力的影响，有效地做好人力资源开发工作，为企业核心竞争力的增强奠定坚实的人力资源基础。

2. 人力资源管理与企业核心竞争力的关联性

一般认为，通过人力资源管理，通过影响人力资源行为而在这种集合和核心竞争力之间关系上的中介作用，通过人力资源资本集合和员工行为，人力资源管理可以产生核心竞争力。存在这种可能，人力资源资本原本就可能存在于公司中，但没有被经理所发现和利用。然而，通过经理控制下的人力资源管理，如挑选、评估、培训、薪酬系统来吸引、确认和保留高质量的员工，这种人力资源资本就能够被开发，并产生与组织目标相一致的行为，继而形成核心竞争力。

人力资源管理是人力资本集合和公司有效性之间关系的中间变量，这种中间变量角色可能解释为什么许多公司强调人力资源的重要性，而只有极少数的公司能够开发出作为竞争优势的人力资源。核心竞争力仅仅在人力资本集合和人力资源实践相互作用中形成。公司虽然能够模仿那些显然使其他公司成功的人力资源管理实践，但只有通过在特定的环境下使用这些人力资源实践，人力资源管理才能成为企业核心竞争力之源。

而人力资源管理在企业核心竞争力中所发挥的作用，主要是通过以下三方面实现的。

第一，人力资源管理能改善公司对关键环境变量变化的敏感能力。高水平的人力资源管理将通过适应环境复杂性的监控分散化而增加组织的监控能力。监控不再仅由中心部门所执行，更多的信息将更多地来源于接近真正利益相关者团体的员工。

第二，人力资源管理也能产生设计更为有效地应对环境变化的战略的能力。尽管高层经理负责公司战略方向的制定，许多下属单位开始开发必要的战略和战术，以有效地对他们特定的环境起作用。

第三，战略一旦被制定出来，需要迅速而有效地得到执行。这种挑战要求来自员工队伍的灵活性和适应性。很显然，高水平的人力资源管理能提供高度的灵活性，以使组织适应新的技术或新的环境。最近的研究证明，具有高认识能力的组织比认识能力低的组织更能够学习与工作相关的知识；拥有高水平人力资源集合的公司将比拥有低能力员工队伍的竞争对手有优势。

（二）人力资源管理对企业核心竞争力的作用机制

1. 黑箱模型

人力资源管理的各项实践活动对于企业核心竞争力有着或多或少的影响，这种影响不仅体现在企业的财务业绩上，还体现在对企业战略的实施与战略目标的实现等方面。那么，从整体上讲，人力资源管理与企业核心竞争力之间具有什么样的关系呢？已有研究采用累计叠加方法来测量两者的关系，即将每一项人力资源管理的实践活动所产生的影响简单叠加为一个整体变量，来衡量人力资源管理对企业效益的影响。

换言之，就是看企业竞争力中有多少能够为某一项特定的人力资源管理实践活动做解释。对于这种理论方法只要略加分析就会发现它的不科学性。如果人力资源管理的实践活动的项目数是不断增加的，或者从事人力资源管理活动的人数增加了，采用累计叠加方法求得整体变量必然是增加的。显然，这种解释是不合实际的。

影响企业发展的管理政策和活动除了人力资源管理之外，还包括财务资源管理、物质资源管理、信息资源管理和市场资源的管理等。而所有的管理活动最终都要靠人来实现，每一种资源的管理和企业竞争力之间的关系都不是简单的线性关系，很难说企业竞争力提升中有多少是由于某一种资源的管理引起的，难以确定一种资源管理投入的增加或减少与企业竞争力提升或下降之间的定量的关系。由此可见，企业的人力资源管理与企业核心竞争力之间是一种黑箱关系。

由于企业核心竞争力的提升是企业所处环境、企业自身发展阶段、企业经营战略、人力资源管理实践、人力资源管理支持等多种因素相互联系、相互依存的复杂系统行为的结果，人力资源管理无法单独对企业核心竞争力产生作用，必须与其他各种因素相互配合才能产生效果。而各影响因素之间又是相互联系、相互渗透的。要想把人力资源管理从这一复杂的影响因素体系中剥离出来进行分析是相当困难的。

2. 环节控制模型

有效的人力资源管理和开发活动，可以有效地提升企业的核心竞争力。人力资源管理对企业核心竞争力的促进作用贯穿人力资源管理和开发的全过程，包括人力资源战略规划、人力资源管理的职责定位、人力资源的获取与再配置、企业绩效管理体系的建立、薪酬设计与管理、人力资源培训与开发系统的建立等。

人力资源管理通过其各个环节对企业竞争力作用的过程被称为环节控制模型。同时，随着知识经济的来临和企业中知识型员工比例的提高，人力资源管理和开发的实施已不仅由人力资源管理人员来完成，各部门的管理人员、企业的高层管理者甚至企业中的每一名员工都要参与其中。

人力资源管理对企业核心竞争力的影响体现在多个方面，可以从多种不同的角度和层面来进行研究，并且对于不同行业特点的企业、企业的不同组织类型、企业的不同发展阶段以及企业所处的外部宏观经济环境的不同，人力资源管理对企业竞争力的影响和作用机制也不尽相同。下面我们将从人力资源管理过程和宏观、微观两个层面，探讨人力资源管理对企业核心竞争力的提高过程。

人力资源管理活动依照其在企业管理中的作用，可分为功能性活动和辅助性活动，它们在企业管理活动中起着不同的功能作用，两者相辅相成构成完整的人力资源管理系统。

人力资源管理系统依靠组织输入其需要的各种资源，包括环境、技术、市场机会、经济来源、劳动力等。同时，它也为组织和个人带来输出，其输出最终表现为企业效益的增加和整个组织目标的实现。在企业的发展过程中，人力资源管理要想在企业管理中充分发挥作用首先必须弄清楚整个组织目标和战略意图。有效的人力资源管理总是立足组织目标和企业的发展方向来开展各项工作。

世界上许多著名的大型跨国企业通过以下三种途径将人力资源管理与公司经营战略相联系。

（1）为实现公司战略目标而选择人力资源管理系统构建与运作方式。

（2）在一定战略目标或环境下预测人力资源的需求并实施管理。

（3）在公司战略目标与组织结构相统一的整体中努力融进人力资源管理。

三种途径虽然各有特色，但共同之处在于：人力资源管理活动总是围绕组织目标来制订计划，将组织目标转化为人力资源管理各子系统的目标，形成相互配合的目标体系，共同致力于组织目标的实现。

人力资源管理计划的制订与实施的首要任务就是为组织配置人员。人员的配置到位是组织运转的开端和持续运行的基础，具有十分重要的作用。事实上，人力资源配置调整是组织中的一项经常性的工作。

随着市场竞争的日益激烈以及国家宏观政策的不断变化，为适应经济环境的变化，企业必须不断改变与调整组织结构，这势必引起人力资源配置的变化。人力资源管理与开发的核心问题是力图动态地实现组织内人力资源配置优化。为此，要按照组织的要求改变内部环境，确定内部各部门的岗位责任制，建立组织发展系统、奖励系统、交流沟通系统以及劳资关系系统。

无论人力资源管理系统如何调整，所有子系统的计划和行为都应相辅相成，紧密配合，合作协同，形成合力，力戒出现子目标的不协调和重叠与冲突。任何系统的功能从本质上来讲都取决于系统的结构，整个人力资源管理系统的执行和循环过程所产生的结果，最终表现为企业核心竞争力的提升。

三、加强人力资源管理提升企业核心竞争力的策略

随着经济的全球化和知识经济时代的到来，世界各国企业都面临越来越激烈的国内和国际市场竞争，而企业核心竞争力的提升关系到现代企业的生存发展。

企业核心竞争力的提升，涉及企业管理的各个方面，其中最为主要的环节就是人力资源管理。因为人力资源是承载知识和技能的实体，是企业所拥有的专门知识和能力的总和，是真实存在，可发展的，所以，人力资源成为决定企业市场竞争力的关键因素。

换言之，人力资源管理是提升企业核心竞争力的重要途径。人力资源管理对于企业核心竞争力的培养，起着至关重要的作用。

（一）基于人力资源的企业核心竞争力模型

人力资源具有不可模仿性、不完全流动、可变性、稀缺性、复杂性等特征，人力资源是企业的战略性资源，是企业核心竞争力的源泉和载体。本书建立了一个以人力资源管理为核心的核心竞争力的模型。企业核心竞争力由核心因素人力资源和绩效管理、学习型组织、企业文化、技术创新四大外围因素构成。

企业通过采用和强化战略性人力资源管理模式可直接提升四大外围因素的质量，间接构建核心因素和外围因素之间的紧密联系，形成企业核心竞争力的钻石模型。拥有高素质的企业家队伍、进一步改革企业体制和市场机制是保证四大路径通畅、钻石模型有效运转，企业核心竞争力得到提升所需的政策条件。

人力资源包括管理人才、科技人才、管理团队、员工忠诚度、员工素质和工作态度等因素。人力资源由数量与质量两个方面构成，人力资源质量，是指劳动者具有的综合的劳动能力水平，可用劳动者的健康状况、知识和技能水平及劳动态度来衡量；人力资源数量，是指劳动者数量的规模。现代企业的竞争归根结底是人才的竞争，而且人力资源与其

他资源相比具有独有的特征，是企业的战略性资源。人力资源是形成企业核心竞争力的重要因素之一。

该核心竞争力的钻石模型是以人力资源为核心，以绩效管理、学习型组织、企业文化和技术创新四个外围因素组成。下面研究人力资源与这四个因素的相互作用，以及如何整合这些职能和资源，以达到提升核心竞争力的目的。

该模型具体构成及其相互关系如下。

人力资源—绩效管理：绩效管理是一系列以员工为中心的干预活动。绩效管理的最终目标是充分开发和利用每个员工的资源来提高组织绩效，即通过提高员工的绩效达到改善组织绩效的目的，所以以人力资源对绩效管理也有很大的影响。

人力资源—学习型组织：学习型组织是通过培养弥漫于整个组织的学习气氛，充分发挥员工的创造性思维能力而建立起来的一种有机的、高度柔性的、扁平化的、符合人性的、能持续发展的组织。同样，"学习型组织"也是现代企业人力资源管理的重要内容，通过"学习型组织"的创建同样有助于提升企业核心竞争力。

人力资源—企业文化：企业文化对企业的发展起着举足轻重的作用，它是企业生存和发展的原动力，指引和决定着企业发展的方向，同时也是企业各资源和职能部门的黏合剂。没有强有力文化的企业，就像是一盘散沙，各个部门独立运作，缺乏一种和谐发展的气氛。而且企业的发展方向是不稳定的，在激烈的竞争中不利于企业形成核心竞争力，更不利于企业的长久发展。文化并不是在企业诞生前就制定的规则，而是企业在发展过程中根据不断变化的环境不断修正的，而文化的载体是人，修正文化、传承文化的主体也是人，因此，人对企业文化有很大的影响。有了适应和理解企业文化的人力资源，企业的文化才能得以继承并根据环境变化得以发展，才能保证企业的持续发展，并形成和提升企业的核心竞争力。

人力资源—技术创新能力：技术创新是企业形成核心竞争力的源泉和提升核心竞争力的保证。企业只有具备了技术创新能力，才能将各项技术和资源转化为企业的竞争优势，而只有具备了持续的技术创新能力才能把竞争优势发展为核心竞争力。技术创新只能通过人来实现和延续，企业只有具备了高素质并且认同企业文化的创新型的员工，才能把技术和资源优势发展成为竞争优势，只有留住和进一步培训员工以保持和提升其创新能力，才能将竞争优势进一步发展为核心竞争力。

人力资源与这四个外围因素共同构成了核心竞争力的模型，在战略性人力资源管理的过程中，这几个因素相互作用，互相促进，起到了提升核心竞争力的作用。

（二）提升企业核心竞争力的人力资源管理策略

1. 绩效管理创新提升企业核心竞争力

为了提高自己的竞争能力和适应能力，许多企业在探索提高生产力和改善组织绩效的有效途径。组织结构调整、组织裁员、组织扁平化、组织网络化、灵活化、组织多元化、全球化、组织分散化成为当代组织变革的主流趋势。但是，实践证明，尽管上述的组织结构调整措施能够减少成本（由此提高生产力），它们并不一定能改善绩效；不论是在哪一水平（组织、团队、个人）评价绩效和如何界定绩效，它们只是提供了一个改善绩效的机会，真正能促使组织绩效提高的是组织成员行为的改变。也就是说，要建立学习型组织，形成有利于调动员工积极性、鼓励创新、进行团队合作的组织文化和工作气氛。在这一背景下，研究者拓展了绩效的内涵，并在总结绩效评价不足的基础上，于20世纪70年代后期提出了"绩效管理"的概念。随着人们对人力资源管理理论和实践研究的重视，绩效管理逐渐成为一个被广泛认可的人力资源管理重要过程。

（1）绩效的概念

在绩效管理的具体实践中，应采用较为宽泛的绩效概念，即包括行为和结果两个方面，行为是达到绩效结果的条件之一。行为由从事工作的人表现出来，将工作任务付诸实施。行为不仅仅是结果的工具，行为本身也是结果，是为完成工作任务所付出的脑力和体力的结果，并且能与结果分开进行判断。这一定义告诉我们，当对个体的绩效进行管理时，既要考虑投入（行为），也要考虑产出（结果）：绩效应该包括应该做什么、如何做两个方面。

（2）加强绩效管理，提升企业核心竞争力

建立客观公正的绩效评估体系既是一种绩效控制的手段，也是一项具有广泛激励和导向作用的人力资源开发管理系统工程，它能通过提高员工工作绩效，有效实现企业战略目标。在建立企业绩效评估系统的具体选择标准时，可从以下关键因素加以确定。

①重要性，即指对企业价值和利润的影响程度。通过专家对企业整体价值创造业务流程的分析，形成对其影响的较大的指标。

②可操作性，即指标必须有明确的定义和计算方法，易于取得可靠和公正的初始数据。

③职位可控性，即指标内容是该职位人员控制范围之内的，而不是该职位不能控制的，这样才能公平、有效地激励人员完成目标。

我国企业若想成功地实施绩效管理，提升企业核心竞争力，不仅要实现绩效考核模式的转变，更重要的是要实现从单纯的绩效考核向绩效管理的提升，构建完整高效的、以战略为导向的绩效管理体系。

一个完整的绩效管理体系包括如下五个组成部分。

第一，设定绩效目标。目标是绩效管理的标的，绩效管理的活动都依赖目标的落实，因此，经理应该和员工共同设定一个共识的绩效目标，为绩效管理做最充分的准备。

第二，业绩辅导。目标设定之后，经理的职责就更加明确：辅导。经理应在员工实现目标的过程中不断与之沟通，尽其所能地与员工保持密切联系，不断为员工提供资源支持，为之清除前进道路上的障碍，一切为目标的实现而工作。

第三，记录员工的业绩档案。"没有意外"是绩效管理的一个重要的原则。这里的"没有意外"是指在年终绩效考评当中，经理和员工对绩效考评的结果不会意外，一切都在意料之中，员工不会因绩效考评的结果和经理争论，无争论正是绩效管理所倡导和追求的。为了不出现意外，经理就必须在日常的工作中多加观察并做必要的记录，形成员工的绩效档案，为以后的绩效考评准备更加充足的材料。

第四，绩效考评。绩效考评是绩效管理的必经阶段，绩效管理的目的不是考评，但考评的目的是使绩效管理更加优秀，通过考评发现问题，并解决问题，使绩效考评成为经理和员工共同的机会。

第五，绩效管理体系的诊断和提高。没有绝对完美的绩效管理体系，任何企业的绩效管理都需要不断完善，因此，在考评结束之后，企业应组织有效的诊断，从而发现问题并解决问题，使企业的绩效管理体系在下一个循环当中发挥更大作用。

在企业战略明晰、组织结构确定的前提下，战略需要被转化为企业阶段性的目标和计划，在此基础上形成各个部门的目标和计划，继而形成员工个人的目标和计划。目标和计划一旦明确，组织便进入了工作状态，此时企业通过会计统计系统对企业、部门及个人的绩效状态进行监控，并且定期向各级管理者反馈监控结果。

企业的统计系统能够进行绩效监控，但是并不见得能够满足绩效监控的全部要求。在建立绩效监控的时候，应该对企业现有的统计系统进行梳理和改造，使能够满足绩效监控的全部要求。

一个阶段之后，考核者根据绩效监控体系反馈回来的数据、被考核者绩效目标完成状况，对被考核者进行绩效评价，同时对被考核者工作出现的问题进行分析和探讨，寻找问题的根源，并确定绩效改进的方法。这里应该注意的是，问题的根源应该更多地从被考核者自身去寻找。

绩效评价并不是考核的目的，寻找问题、分析问题、解决问题从而促进绩效改进才是绩效考核的目的。我们将这个过程称为经营检讨。考核结果一方面为企业的人力资源管理提供决策依据；另一方面促使管理者重新审视企业的经营目标和计划，甚至是企业的战略规划。

2. 建立学习型组织提升企业核心竞争力

（1）学习型组织的概念

学习型组织，是指组织全体成员持续地通过各种方式和途径进行学习，形成组织学习的氛围、知识创造和共享的学习机制。

只有学习型组织才能适应急剧变化的世界环境，才能永葆青春活力。学习型组织有以下四个特点。

第一，强调横向联系与沟通，强调授权。这种新型组织中强调授权管理以提高对外部环境的适应性。位于较高等级职位的管理者不再扮演监督与控制的角色，而是转为支持、协调和激励的角色。

第二，学习型组织应以成员的自主管理为导向，成员自主计划、决策与协调。在此，员工决策的范围远比参与民主管理员工的决策范围广泛得多。

第三，学习型组织应具备较强的自我学习能力。较强的自我学习能力是组织在动态复杂环境中维持生存、求得发展的必要条件。

第四，学习型组织富有弹性，反应灵活。知识、技术与信息在学习型组织中占主导地位，强调与速度的竞争。

学习型组织理论对于战略性人力资源培训具有重要的指导意义，培训是一个系统性工程，是组织整体的培训，涉及全员，要通过培训体系的建立、培训制度的执行和组织培训氛围的形成，使学习和提高的理念深入组织发展之中，使培训、学习成为员工的自觉行为，切实提高员工和组织的学习能力，提升培训效果，帮助组织赢得持续的竞争优势，实现长远发展的战略目标。

（2）创建学习型组织，提升企业核心竞争力

"学习型组织"是新世纪人力资源管理的重要内容之一，通过"学习型组织"的创建同样有助于培养企业核心竞争力。"学习型组织"概念进入中国也已有多年，一些企业、公司正在学习研究。那么，结合中国的国情，在企业中如何创建"学习型组织"，如何通过"学习型组织"来提高员工的综合素质和企业的核心竞争力呢？现在我们一起探讨。

第一，在学习中成长。当今社会是一个信息经济时代。飞速发展的 IT 产业，特别是迅猛成长的因特网，正在给我们的经济、社会与文化生活带来前所未有的冲击。毋庸置疑，21 世纪，孤独、封闭的组织是无法超越自我，超越竞争对手的。与传统的企业相比，

将来的企业将变得更为智能化。知识、信息处理以及学习创新成为组织的重要能力，或者说，"学习型组织"将成为组织变革的主要方向。因此，组织以及组织中的个人都要不断地学习，不断地实现自我超越。

第二，创造是学习的核心。建立"学习型组织"，首要的问题是向谁学习，学习什么。我们不仅可以向企业外部的榜样学习，也可以在组织内部树立榜样，甚至向竞争对手学习，向自己或榜样或过去的经验教训学习，向其他行业的企业学习，等等。这一学习过程，就是知识获取和传递的过程，在此基础上，才能更好地创造知识。创造是学习的核心，没有创造的学习只能是简单模仿。

第三，"学习型组织"首先需要学习型的企业家。创建"学习型组织"的关键是企业家或经营者本人，他的学习能力是经营决策成功的关键。同时，他的思维方式改变和眼界的扩大，将为企业创造更大的发展空间。他的学习为下属树立榜样，他也是"校长"或"教授"，指导着其下属和员工的学习与互动。在"学习型组织"中，我们不赞成高层领导人整天沉浸于企业内部的日常事务的处理上，他应当抽出更多的时间出去走走，参加有关的各种活动，接触方方面面的人，以扩充他的知识和眼光视野，只有这样，他才能站在更高更远的角度来统率企业。因此，我们说，"学习型组织"首先需要学习型的企业家。

3. 加强企业文化建设，提升企业核心竞争力

企业文化是人力资源管理的重要组成部分和内容。营造良好的企业氛围是现代企业人力资源管理的重要任务之一，这也是培育企业核心竞争力的重要途径之一。每一个拥有核心竞争力的企业都有优秀的企业文化，可以说，核心竞争力是在企业文化的基础上培育起来的。企业核心竞争力的特征之一就是其独特性，不易被竞争对手通过简单的模仿而获得。为了使核心竞争力具有独特性，仅有核心技术是远远不够的，必须具有能整合核心技术从而创造出竞争优势的企业文化做支撑。由于某种核心技术往往是容易模仿的，它只有通过与企业文化的结合，才能发挥超越技术范围的功能，从而形成有别于其他竞争对手的竞争优势。通过人力资源管理，可以有助于形成培养核心能力所需要的组织文化，加速核心竞争力的形成。

（1）企业文化概念

企业文化，一般有广义和狭义之分。广义的企业文化，是指企业在创业和发展过程中形成的物质文明和精神文明的总和，具体包括企业管理中的硬件与软件、外显文化与隐形文化两个部分。而狭义的企业文化，是指意识形态范畴的，包括企业的思想、意识、习惯、感情等。一般来讲，企业文化，是指企业全体员工在长期的创业和发展过程中，培育形成并共同遵守的最高目标、价值标准、基本信念以及行为规范等。

（2）企业文化建设的基本内容

企业文化建设的内容很广泛，主要包括企业精神、企业目标、经营宗旨等方面，具体体现如下。

①企业精神

它是企业文化的核心，是企业在经营和管理实践活动中形成的能够反映员工意愿和激励干劲的无形力量，是企业发展的精神支柱。在培育和建设企业文化中，首先要抓住企业精神的培育。企业精神的概括和提炼应富有个性、特色和独具的文化底蕴。例如，企业倡导的企业精神为敬业、团队、创新。"敬业"是鼓励为事业而献身的精神，培养踏踏实实和精益求精的工作作风；"团队"是要求企业内部要有协作和配合的精神，员工不但要对自己的工作负责，同时也对整个企业负责，提倡员工间互相鼓励、互相关心和帮助；"创新"精神包含了"开拓"的内涵，是企业高速发展的重要动力。

②企业目标

它是企业适应形势的发展和需要而提出的奋斗方向。企业目标是团结一致、努力拼搏的基础，用目标的实现来凝聚员工，为实现目标调动全体员工的积极性、智慧和创造性。

③经营宗旨

它是在企业生产经营过程中，企业员工上下所信奉的共同的基本信念和理想追求。正确的经营理念，对推动企业在市场中生存发展具有巨大的作用力。

（3）加强企业文化建设，提升企业核心竞争力

企业文化能够显著影响企业的经营绩效，并具有其他方法无法替代的隐性作用。国家富强靠经济，经济繁荣靠企业，企业兴旺靠管理，管理关键在文化。可见在企业中企业文化的重要性，那如何加强企业文化建设来提升核心竞争力呢？

第一，注重提炼精神文化。优秀的精神文化是企业文化体系的核心，企业只有根据自己的特点，提炼出本企业的优秀理念，才能从核心上体现出企业的个性。

第二，不断创新制度文化。企业文化的建设一定要有制度保证，而在这种制度保证中要做到制度文化的不断创新。当企业内外条件发生变化时，企业制度文化也应相应地进行调整、更新、丰富、发展。成功的企业不仅需要认识目前的环境状态，而且还要了解其发展方向，并能够有意识地加以调整，选择合适的企业制度文化以适应挑战。企业要根据自己的理念，不断推出适应新的竞争形势的管理制度。在这种制度文化的创新中，要考虑是否适合本企业文化，是否能对提升本企业的文化发挥作用，用优秀的制度来保证文化建设的实施。

第三，积极倡导行为文化。企业文化建设一个非常重要的方面，就是要落实到行为

中。在企业文化建设中，企业家作为企业的领导要积极倡导优秀的行为文化，并且身体力行，做出表率，领导者的表率常常会起到潜移默化的作用。行为文化的倡导可以分为两个层次：一是企业要有全新的管理行为，在自己的管理行为中处处体现出本企业的文化特点，体现出企业的文化品位；二是员工要有全新的工作行为，要用爱岗敬业、诚实守信的行为来具体实践企业的文化，使社会公众通过企业员工的行为，更好地认识该企业的文化内涵。

第四，着力构建物质文化。企业的物质形态，往往也反映出企业的文化特点，是一种让人一目了然的文化。这种物质形态表现在整洁的厂貌、现代化的工作设施和环境、具有先进理念的办公环境等，在企业的"硬件"中体现出企业的文化追求，使员工处于良好的文化氛围之中。实现企业优秀文化建设成果向企业核心竞争力的转化。

4. 进行技术创新提升企业核心竞争力

企业的技术创新涉及三个主要变量——基础（它作为供应变量包括资源和基础条件）、市场和企业自身，三者缺一不可。基础，是整个社会的自然禀赋所决定的，在短期内很难改变；市场，是一个受多方面影响的系统，很难从一个企业的角度去考虑市场的变化；企业自身，才是企业可以通过自己的力量实现技术创新的途径，也是通过战略性人力资源管理和技术创新相互影响，提升核心竞争力的关键。

核心竞争力是企业中的积累性学识，其本质是知识，而知识最直接的体现就是技术，一项技术优势可以发展成为企业的竞争优势，不断创新的技术就可能发展成为企业核心竞争力的组成部分。人是知识的载体，知识的传播和积累都要靠人来完成，技术同样如此，企业有了掌握高技术并有创新意识的人才，并且在人力资源管理的过程中给予他们足够的重视，才能始终保持技术的领先，保证企业有比平均水平更高的生产效率，培育和提升企业的核心竞争力。

（1）企业应提高对技术创新的重视，加大对科研的投入

从前面的分析可以看到，技术创新不但能帮助企业克服边际效应递减的影响，提升企业的竞争力，其外部性还可以提高整个行业乃至整个社会的生产效率。而且也只有保持先进的技术和技术不断创新，企业才能在激烈的全球竞争中享受高于平均水平的收益，立于不败之地，企业应该提高对技术创新的重视力度，建立学习型企业环境。

首先，企业应该加大对技术创新的资金投入力度，为企业的技术创新活动提供足够的资金保证；其次，企业应该加大对科技人才的引进力度，要提高高技术、高学历人才在员工中所占的比例，提高全体员工的创新水平，并注重对在职员工，特别是掌握熟练技术员工的培训；最后，企业还应该充分利用各类社会资源，加强与高校等科研机构的合作。企

业可以将自己的科研课题、技术攻关项目外包到科研机构，也可以将科研机构的研究成果应用于实际的生产。这样不但可以节约企业的科研和人工成本，还可以化解企业科研的风险，并形成产学研的良性循环体系，有利于企业的长远发展。

（2）以技术创新，引导战略性人力资源管理

技术创新归根结底是人的因素起最关键作用，人是技术的载体，人是推动技术创新的最根本动力，以技术创新来引导企业的战略性人力资源管理就可以很好地实现人与技术、人与技术创新的互相促进。

①科研人员招聘阶段

要想提高企业的技术水平和技术创新水平，拥有高技术的人才是必不可少的，也是进行技术创新最基础的资源。企业的技术创新是全员参与的过程，但是必须有技术骨干起带头作用。企业在招聘员工时，就应该根据企业现有的技术和人员结构，引进企业急需的人才，这种招聘的方式可以节省企业的培养成本，降低企业培养的风险。由于技术人员不同于普通员工，他们进入企业后会掌握该企业的技术信息，甚至是核心技术信息。企业在招聘阶段必须从企业的实际出发，不能单纯地以高学历为判定标准，应该以其科研实力、以道德品行为主要的考察目标，有了较高的科研能力才能胜任企业繁重的科研任务；有了好的道德品行，才能保证员工的稳定、保证技术的安全。

②对科研人员的激励

技术创新是一个长期的系统工程，一项技术创新可能会经历几年甚至十几年的研究过程，一旦研究成功，其影响也是可以持续相当长时间的。对科研员工的激励就不能同一般员工的激励一样。一般员工是根据其完成任务的数量和质量来进行物质奖励的，如果也采取这样的方式奖励科研人员，只有科研有了成果才奖励，那么这样的奖励方式就是滞后的、失败的。由于科研人员是企业技术创新的基础，是企业保持和提升核心竞争力的保证，同时他们也是企业核心技术的掌握者，必须保证科研人员的相对稳定和高的工作效率，才有利于企业的长远发展。对科研人员的奖励应该以长期奖励方式为主，对主要的科研人员应该参照高级管理人员的奖励方法，让他们参与企业的分红和分享企业的股份，只有这样才能真正调动科研人员的工作积极性，并保证他们的相对稳定性，为保护企业的核心技术和推进企业的技术创新提供保证。

③对普通员工的培训

在前面的分析中得知，企业的技术创新是一个全员参与的系统工程，企业的技术创新活动应该是一个由技术人员指导，全体员工参与的过程。这就不只要有高水平的科研人员，还需要有责任心和创新意识的员工。企业应该加强对普通员工的技术和技能培训，让

他们了解更多的技术知识。这样不但有利于提高生产的效率，提高生产销售的质量，还有利于员工在采购、生产、销售、服务等各个阶段，从更加专业的角度发现存在的问题，提出解决的建议，为技术人员解决问题、改进技术提供第一手的资料，为技术创新提供方法和思路。

④对普通员工的激励

企业的一项技术创新并不是单一的一个技术成果，而是在不断地改进和革新现有技术的基础上发展来的，而科研人员不可能参与到多个方面的改进和革新，很多小的技术改进和技术革新都是一线的员工或销售人员完成的。企业还应该加大对普通员工技术革新的奖励，这种奖励应该是以物质奖励和精神奖励相结合的方式进行。可以给员工发放奖金，也可以员工的名字命名改革创新的技术。这样激励全员参与企业技术的改进和革新，不但提高了每个员工的价值，还能持续地提高企业的生产效率，对建立和提升企业核心竞争力有很重要的促进作用。

有了企业文化不等于企业就相应地具备了核心竞争力。要善于运用企业文化建设的成果，积极促其向企业核心竞争力转化。

第六章　基于互联网时代下企业人力资源管理变革

第一节　互联网时代的人力资源管理变革分析

一、"互联网+"时代的商业特征

互联网重构了以往的商业形态，对企业的经营管理提出了更高要求。当今时代，人才是企业最重要的资源。而能否有效吸引和留住更多的人才，则主要取决于企业的人力资源管理思维与模式。

在创新求变的互联网时代，企业应该积极面对新的挑战，抓住机遇，实现人力资源管理模式的转型升级；充分利用互联网的特质，吸引更多的人才为企业服务。

互联网彻底重构了以往的商业形态，形成了迥异于传统模式的经济新常态。具体而言，互联网时代的商业生态主要有以下四个特征。

第一，互联网时代是个互联互通的商业民主时代。

第二，互联网时代是一个基于大数据的知识经济时代。

第三，互联网时代是一个客户价值至上与人力资本价值优先的网状价值时代。

第四，互联网时代是一个开放、共享的"有机生态圈"时代。

（一）互联网时代是一个互联互通的商业民主时代

互联网的本质是连接与互通。人、物、信息、现实、虚拟等，都可以借助互联网平台，实现跨时空的即时互联互通。

在这个连接无处不在的互联网时代，市场行为的各个利益相关者，都可以平等地表达自己的价值诉求。互联网开放、透明、互通、连接的特质，颠覆了以往依靠信息不对称和暗箱操作盈利的模式，转向更加注重客户价值与人力资本价值。

互联网时代的商业行为，更加注重以"人"为中心，为用户创造价值。消费者的市场话语权得到极大提高，成为市场交易的主导者。用户不再是商业过程中的弱势者和被动者，而有了与厂商企业平等对话的权利。从这个意义而言，互联网的互联互通，推动了商业过程的民主化。

（二）互联网时代是一个基于大数据的知识经济时代

人、物、信息等的互联网化连接互动，必然会留下相应的痕迹（信息、知识等），并以数据的形式呈现出来。对这些数据进行收集、分析、整合，能够发现人们的心理需求、个性特质、情感变化等深层次的内容，并对其进行细化分类。

大数据的实质，是将大量用户的互联网行为（浏览、交流、购物等），以数据的形式呈现出来，是对消费者行为模式和需求特点的归类分析。因此，对企业来说，互联网是一个"数据为王"的时代。谁拥有大数据，谁就能吸引和留住消费者，也就能够在市场竞争中占据主动。

具体而言，大数据主要从以下几方面，帮助企业留住用户，实现价值创造和效益获取。

第一，通过大数据技术，企业可以发现消费者动态变化的互联网行为背后所隐含的真实心理诉求，从而将易变的行为转变为确定的消费需求。

第二，利用大数据，企业可以发现用户的个性化需求，并对不同的需求群体进行细化分类，从而实现定制化与规模化、标准化的有机融合。

第三，那些占有大数据的互联网企业，能够以自身的平台为基础，构建出围绕消费者的价值生态系统。以此实现资源的高效整合利用，推动生态系统内不同成员（股东、员工、客户及其他利益相关者）的价值创造和效益获取。

第四，大数据技术，使企业能够更加精确地定位和细分市场需求，从而加快知识的转化、应用与创新的效率和效果，推动社会进入知识经济时代。

（三）互联网时代是一个客户价值至上与人力资本价值优先的网状价值时代

互联网的开放、透明、共享特点，颠覆了以往交易双方的信息不对等性。借助互联网平台，消费者有了与企业平等对话的权利，甚至可以主动参与到产品和服务的创新设计中。

由此，社会从以生产为主导，转向了以消费为主导，客户成为市场行为的中心。谁能为客户创造更多价值，谁就可以在市场竞争中占据主动。在围绕客户创造价值的诸多因素中，人才资源无疑是最活跃、最具创新精神的要素。这要求企业必须重视人力资本的价值，提供各种有利的条件和资源，促进人力资本的优先发展。

从上述角度而言，互联网时代无疑颠覆了以往的市场价值模式，客户价值至上与人力资本价值优先，成为当今市场价值网络的关键连接点。

（四）互联网时代是一个开放、共享的"有机生态圈"时代

互联网时代的企业竞争，告别了以往的"单打独斗"模式，更多的是依靠企业构建或参与的组织生态系统的整体竞争能力。这一竞争模式的转变，也重构了以往的组织结构和价值链，使企业进入了一个开放、共享、合作、共赢的"有机生态圈"时代。

具体而言，互联网开放、包容、共享的特质，既提高了企业的资源获取和整合能力，也使企业与各个利益相关者，甚至整个社会的连接更加紧密。因此，企业需要改变以往的自我串联关系，转而借助互联网平台，构建或参与进一个高效的组织生态圈中。

在这个有机生态圈中，各个价值创造主体，既相互独立甚至彼此竞争，又通过网状关系结构，实现资源、市场等相互间的共享合作，从而形成一个相互影响、深度连接互通的有机生命体。生态圈中利益相关者在市场竞争中的成败，不再主要取决于各自的内部资源能力，而是有机生态圈的资源协调与整合能力。

二、"互联网+"时代的人力资源管理新特性

（一）员工：从"经济人"到"知识人"

从理论上看，"人"是一家企业得以发展的最重要的资源之一，许多管理学著作中也将对员工的开发视为头等大事。然而，在很多情况下，其仍旧停留在理论层面，并没有落实到实践中。事实上，在企业的现实管理中，左右其管理逻辑的仍然是根深蒂固的经济学思维，在人力上依然追求最低投入。

所以，我们经常看到人才与薪水不相匹配的情况，很多企业的人力资源管理者都希望用三流的薪资留住二流的人才，然后令其创造出一流的价值。

究其根本，还是因为企业仍然是从经济学的意义上去理解"人"的概念，习惯性地去量化自己的员工，这本是在人口红利时代最为普遍的认知。

然而，经济在发展，时代在进步，随着信息技术水平的不断提高，现在已经进入了信息化、知识化时代，廉价劳动力不再是创造企业价值的主力，而今企业更为依赖的是员工的知识与技能，这些是出自员工的大脑，是其不可分割的一部分。曾经盛极一时的"经济

人"概念已经过时，取而代之的概念则是"知识人"。

（二）领导：从"命令者"到"合作者"

在企业的生产经营中，战略发展策略都是由领导来制定，然后命令员工贯彻执行，并通过各种不同的工具来进行监督；企业的文化理念取决于领导的设计，然后命令员工融入其中，并通过各种规章制度来进行控制；员工的奖罚鼓励都出自领导的意志，教化员工服从领导。

由此，领导就可以通过预先设计的一切来控制管理整个企业。然而，移动互联网时代的到来及社交媒体的发达，使得人们越来越愿意，也能够随时随地、随心地表达自己的独特思想和价值观，对一切墨守成规的制度、流程、角色等都勇于去质疑并打破。这就如同帝王失去了封建主义的土壤，其地位不再坚不可摧，也无法再把控一切，他必须学会转变。

所以，在网络时代的企业发展中，"合作者"取代"命令者"成为领导的角色。

三、"互联网+"时代的人力资源管理组织架构

（一）线性价值链瓦解引发组织并联

随着微博、微信等社交媒体的普及，云计算、大数据等模式的广泛应用，互联网的基础设施已经建设得日臻完善，于是以往那种分工明确、层层递进的线性价值链被瓦解了。

设计者、生产者、批发商、分销商、零售商、消费者这一分散流程已经被打乱重组，企业的生产发展变成一个网状互连式的方式，产品设计的参与者不再仅仅是设计者，而是转化为员工、消费者、供应商的互联互通；生产者也参与到了供应商的交易之中形成合作。

上述这种网状式的生产方式打乱了线性价值链，使得位于价值链末端的客户不用再被动接受价值链上方所提供的产品与服务，而是成为产业链的主导，能够主动引导生产者、供应商等进行开放式的生产。

如此一来，原本明显的界限被打破了，明确的分工也变得模糊了，企业创造价值的活动不再局限于内部，而是不断向外部蔓延，每个环节都能有多个参与方实现互联互通，原本的线性价值链被围绕客户价值而形成的价值网取代，组织结构也由以往的那种依次连接的串联形式变成分担责任的并联形式。

（二）信息对称普及化引发组织民主

进入 21 世纪以来，信息技术的发展呈现出爆发式的发展趋势，移动终端已经得到普及，人们早已进入移动互联网时代。于是，人与人之间的交流变得更加容易，时间、空间所能产生的阻碍基本都已被消除，信息传递与流动的成本已经趋于零。

在如此形势下，企业组织在生产经营中与各参与要素之间的距离被无限地拉近，各方之间的壁垒不再分明，而是出现了相互渗透，以往给企业发展带来阻碍的信息不对称的情况已经不再是一种困扰。

在信息不对称的时代，掌握了信息就相当于掌握了主动权，而缺乏信息者就只能被动地接受命令。而今，信息已经趋于对称，上述情形已经很少再出现了，企业也不再只凭借规则、流程来硬性规定员工执行，而是鼓励员工充分发挥自己的主观能动性，组织大家共同进行价值创造并共享利益，逐步建立起一个涵盖每个员工的利益共享机制。

其实，这个过程就是一个新的生态圈的建立过程，参与其中的每个人都有平等的地位，有共同的利益关系，并在发展中相互依赖。实际上，组织民主不外如是。

（三）价值网形成与组织民主发展引领人才主导时代

马克思主义哲学的观点"事物是普遍联系的"，在信息时代显得越发突出。在网状式的生产方式里，可谓是牵一发而动全身，任何一个微小的创新都有可能产生核裂变般的巨大影响，为企业带来无限的价值。

所以，在互联网时代，企业创新活动的参与者已经不再满足于核心管理层，而是扩展到"草根"阶层。这些小人物的能量已经到了不容忽视的地步，他们不仅能够发挥自己的主观能动性进行创新活动，进而为企业创造出不可估量的价值，还能够在社交媒体上引领话题、引发舆论以引起共鸣，为企业贡献不可小觑的发展力量。

而组织民主时代的到来，使得企业员工所具备的人力价值得以被充分挖掘，并成为企业发展不可或缺的重要资源。

在价值链被价值网取代、组织民主开始发挥其能量的双重作用下，企业对"人"的认知和重视达到一个全新的高度，其知识、技能都变成资本参与到企业的发展之中，人才所具备的价值被充分挖掘并得到了全面的体现。也就是说，到了互联网时代，人力资源的管理已经不仅仅停留在知识跨越的层面上了，它更是一种人性与基本价值的回归。

进入 21 世纪以来，人才的重要地位越来越凸显，对于传统的人力资源管理来说，这无疑是一场革命，一场关于"人"的革命。在这场革命里，人才所具有的创新能力以及创造价值的能力将会全面爆发。而企业要做的，则只是拥抱这场革命，并将新的策略注入人力资源管理中。

四、"互联网+人力资源"的发展趋势

互联网时代的到来，给人们的工作和生活带来了巨大的变化，企业或个人需要通过自身的调整来适应时代的发展。从人力资源的角度来说，在新时代面前，职能角色定位、工作开展的思路及企业的政策和机制，都应该做出相应的变革和调整。

（一）企业人力资源管理中的大数据化

数据是人力资源提高话语权的重要工具之一，而且在日常的工作中，人力资源也是主要与数据打交道的部门。在过去，企业的人力资源部门很难利用数据来做出更多的决策，也很难通过数据发现很多本质的问题。而在互联网时代，人力资源管理真正走进了"量化"阶段，通过庞大的数据量来为人力资源管理服务。

实践中已经有很多企业开始将大数据运用于企业内部的考勤、薪酬、绩效指标以及离职率的计算上，从而为管理决策提供重要的参考。

一方面，企业在极力打造大数据库，不断丰富数据资源；另一方面，企业在文书及日常的管理和决策中也在积极倡导用数据说话。建立历史数据可能会耗费一些时间，但是在企业的运营中融入"用数据说话"的理念，为企业未来更高效地运转奠定了坚实的基础。

（二）利用社交应用提升雇主品牌

个体"社交化"是互联网时代的一个显著特征，每个人都可以成为一个自媒体或者是移动的宣传平台。其中，对雇主品牌进行传播在这些平台上是最常用的。

我们在朋友圈可以看到很多的招聘信息，这些招聘信息中有的会展示公司的个性化福利，有的会展示员工的文体活动状况，有的还会有市场宣传的呼应等，这些不同的展现形式都对企业的雇主文化带来了潜移默化的影响。

企业的雇主文化为企业提供除了用高薪福利留住员工以外的其他方法，成为薪酬福利待遇的一种有效补充。未来，人力资源管理者将会对企业在招聘过程中的社交监控、传播、引导等环节进行干预，从而有效提升企业的雇主品牌价值，增强员工对企业的忠诚度，激发员工以更大的热情投身到工作中去，为企业创造更大的价值。

（三）跨界思维对人力资源的业务提出了更高的要求

互联网时代，单一的知识结构难以应对瞬息万变的市场以及复杂的职场环境，在人力

资源管理者看来，企业在新时代的转型以及多元化的发展战略使得企业对人才的需求也发生了巨大的变化，因此，人力资源管理者在对企业内人才的能力及知识结构进行预测和评价的同时，还应该注意从专业化及业务开展的角度去观察员工的潜力。

在过去，人力资源管理者除了需要具备一定的专业知识以外，还需要熟悉以及掌握有关统计学、心理学等方面的知识，未来，随着企业向更高层次的发展，人力资源管理者还需要增加有关财务管理、内部运营管理、业务流程管理、互联网思维等多方面的知识储备，人力资源的尽早"跨界"，可以更快地丰富人力资源管理者的技能，从而更好地支撑企业的业务发展。

（四）人力资源"迭代创新"能力亟待加强

人力资源管理是企业内部运营体系的重要组成部分，当企业在确定了业务流程及机制框架之后，人力资源管理在短时间内就很难实现改革和创新。主要是出于以下两个方面的原因。

一是企业的规模如果比较大，对人力资源管理进行稍微的改动都可能会引起一些矛盾。

二是当企业内部没有发生明显的人员流动的时候，企业高层没有理由来支持人力资源的改革。

因此，企业的人力资源一般鲜少会与"改革"或"创新"这样的词汇联系起来。而随着"互联网+"概念的渗透，迭代创新的理念开始深入企业内部，同时也开始融入人力资源管理中。

（五）注重内部员工体验

随着时代的发展，"00后"职员开始进入职场，"00后"鲜明的个性特征及对自由的执着追求让企业过分压抑的工作环境得到些许缓解，人力资源也从过去传统单一的管理方式逐渐变得更加灵活和多元化。企业的人力资源管理开始更加关注员工的切身体验，并通过他们的反馈及意见对企业内部相关的策略机制进行调整和修正。

第二节　互联网时代的人力资源管理战略转型

一、"互联网+"时代的人力资源管理变革

互联网时代掌握人力资源管理应该结合以下三个方面的内容。

（一）跨越员工与客户的边界

移动互联网时代的员工与客户之间的边界被打破，在这种模糊的角色转换过程中，二者共同为用户创造价值的同时，也在为企业源源不断地贡献价值。

小米庞大的粉丝群体已经成为小米手机的创意来源及传播小米品牌的中坚力量，人力资源管理的边界被打破，人力资源体系与客户开始相关联。由此，互联网时代，员工与客户跨越彼此原有的界限融合在一起，共同创造价值。

（二）大数据时代的 HR 战略

互联网时代，大数据的应用给各行各业带来了一场新的革命，大数据分析技术的应用使人力资源决策的科学性得到大幅度提升。

个体与个体之间及个体与组织之间进行沟通所产生的大量数据使人力资源的程序化决策有了海量的数据支撑，为将来程序化决策的全面实现打下了坚实的基础。由于管理者地位的提升，其面临的不确定性增大，决策的难度也在逐渐增加，这种取决于管理者的理念与意志的非程序化决策需要有大量的数据作为参考。

由此，企业在运营过程中对大数据的应用应该注意以下四点要素。

1. 企业要注意对员工工作信息进行收集，对员工之间的交流数据进行统计；

2. 利用大数据分析确定员工的价格预期，从而制定切合实际的基本策略；

3. 以大数据分析岗位体系，要求工作效率的最大化，提高企业人事决策能力；

4. 以大数据分析劳资关系发生矛盾的临界点，尽可能规避不必要的冲突。

人力资源管理体系发展到一定的阶段需要有精通数学的人力资源计量人才参与其中，大数据的应用开始使人力资源进入量化阶段，出现了"数据化人力资源管理"的新概念。之前国内开发人力资源管理软件的企业基本都处于亏损状态，其根本原因在于这些企业耗费较大的资源去生产软件却没有考虑到当时企业是由极具个性的管理者所制定的非程序化决策。

大数据分析技术的应用开始使企业的非程序化人力资源决策转入程序化决策，这使企业人力资源决策相关行业的从业者开始有了施展才能的空间。从业者利用大数据分析技术为企业提供人力资源以及客户资源的数据发掘服务；另外，这些人力资源软件公司必须有真正懂市场、懂运营的管理者坐镇。

未来软件公司再想要靠技术取胜难度将非常大，比拼的将是软件内容及分析方法。没有擅长企业运营、了解市场走向、懂得消费者需求心理等方面的相关人才，仅靠一些技术方面的精英人才无法使未来的软件公司赢得消费者的信赖。

只有那些精通企业运营，善于从海量的数据中发掘出消费者需求信息，能够总结出市场的发展趋势，从而进行科学的人事决策的企业管理者才能带领公司从一片红海之中脱颖而出，铸就辉煌。

(三) 从线性结构到网状结构的变革

过去的企业组织结构为自上而下的线性结构，而到了互联网时代则演变成一种网状式并联的结构体系，企业的运营者不再是组织结构的核心，更加侧重的是以消费者为核心，以消费者的价值需求为导向。

之前的企业最高决策权掌握在企业的运营者手中，而现如今的发展趋势是员工成为企业在其工作领域的最高决策者，员工可以将自己的才能尽可能发挥出来，每一名员工进行高度自治，在未来，企业的老板将变为一种企业精神的象征。

过去企业的领导层管理权非常集中，呈现自上而下的单一管理结构。在互联网时代管理层的领导权开始趋于分散，谁与客户的交流最为密切，谁就会成为实现企业价值变现的关键环节，相应的谁就拥有最高决策权。

二、重构"互联网+"时代的 HR 体系

(一) 建立以提升员工价值体验为目标的人才互动渠道

随着移动终端的普及，人们已经进入一个随时随地都能进行"互动"的时代，在已然呈现出网状结构的企业组织里，所追求的网络化经济效益亟待加强。在并联形式的组织机构里，若想要获得话语权，就必须创新企业的产品与服务并使其创造出巨大的价值，而要做到这一点的前提是要足够靠近客户并创造出足够的附加值。这就意味着，每一个员工都有成为组织运行中心的机会。

因此，人力资源管理应将互联网时代的努力方向放在"互动"这一关键点上，使得企业与不同的员工能够通过不同的渠道进行互动，这样一来，每一个员工都能够从中找到自己的价值，并能够激发出自己的潜在价值，促使企业人力资源更进一步地发挥作用。

若要达到上述效果，人力资源管理必须先转变观念，尤其是对"人才"认知的观念，充分认识到人才是企业最增值的资源，树立"以人为本"的管理思想，所以在管理方法上就不能再沿袭以往的控制手段，而要将之视为人力资源产品与服务的设计及体验者。

在这样的管理观念指导下，人力资源管理者的日常工作重点应为促使员工价值体验的

提升，为了实现这一目标可以通过打造各类相关的平台，员工则可依托这些平台来参与制定人力资源管理策略、研发相关产品并进行设计与体验。

（二）建立以使命感为基础的人才激励机制

在传统的企业激励机制中，人才激励机制建立实施的基础是契约，也就是说，企业与员工在此方面有着约束与被约束的关系。薪酬也好，福利也罢，都是建立在企业的规章制度上，激励手段多打着奖惩的名义，所以员工在此方面较为被动。

然而，进入互联网时代之后，人的观念有了翻天覆地的变化，员工在工作过程中不再是被命令去做什么，也不再有着外界的种种约束，而是凭借自身强烈的自我驱动力和自我管理能力去为企业创造价值，于是企业与员工就能够上下一心地拧成一股绳。换句话说，如今促使员工激发潜力创造价值的并不是规章制度中的实际奖赏，而是建立在与企业彼此信任上的使命感。所以，人力资源管理是基于使命感而建立的新的激励机制。

为了实现这一目标，人力资源管理的激励重点应该侧重于拓展员工的事业，由此来激发员工的主动性与创造性，并在这个过程中培养其责任心，构建一个更适合员工能够树立自己远大理想的企业平台，促使员工在这样的环境里充分调动自我驱动、自我管理的能力去实现自己的目标，并借此促进企业的发展。

（三）建立以大数据为手段的人才管理依据

其实，在人力资源管理的范畴内，真正基于理性运算的部分并不多，仅仅是在薪酬方面有所涉猎，剩下的多是一些非程序化的决策，所以，人力资源看上去与数据之间并无紧密的联系。

其实不然，在移动互联网飞速发展的今天，大数据时代已然到来，人与人之间的互动、网络行为的伴生……这种区别于传统意义上的大数据已经在各个领域里爆发出了巨大的能量，在人力资源管理领域，自然也不例外。前面所提到的大部分的非程序化决策完全可以借助大数据挖掘与分析来走向程序化。

此外，大数据还可以向管理者提供管理内容的科学依据。比如，现在的人力资源管理已经提高了对人才的重视，如何才能充分地挖掘人才的价值，并将之放置于正确的岗位是极为重要的一个环节，而与人才相关的数据分析就能够为这一环节提供重要的决策依据。

总而言之，互联网的飞速发展在颠覆传统行业的同时，也为之提供了更为广阔的发展空间。

在"互联网+"的经济发展新形态下，传统行业能否顺利地向互联网转型是其生存下去的关键，而要做到这一点，关键在于人力资源管理能否重构适合本企业的管理方式。所以，企业对此进行重构时必须用互联网思维来武装自己，构建出符合互联网时代人才发展与管理特点的策略与手段，促进企业成功转型。

三、人力资源管理转型：构建新型 HR 管理模式

在新时代的人力资源改革中，虽然 HR 管理者在对人才的管理上可能达不到供应链部门中的精细程度，但是其在改革中学习和借鉴供应链部门的经验对于新型人力资源管理模式也具有重要的意义。

与以往的人力资源管理运作模式相比，新型人力资源管理运作模式在组织架构、HR 战略、管理流程、技术指标和 HR 能力方面都有明显的区分。新型人力资源管理运作模式需要更坚实的基础，而且在资源、技术和流程方面也需要进行有效的变革和提升，从而满足新型人力资源管理的要求。

因此，尽管完成新的运作模式的转型还需要几年的时间，但是已经有企业在实践中先行一步，取得了不错的效果，为日后的成功转型奠定了重要的基础。

（一）定义

关键的人力资源管理产出能够为企业创造更高的价值，因此需要明确定义 HR 需要驱动的产出，并确定这些产出如何能够帮助业务实现目标。企业应该对现有的 HR 举措进行有效的评估，调整在 HR 方面的投资及资源配置，保证产出流程的正常执行。

一家全球知名企业的 HR 部门负责人对关键产出给出如下定义，同时对这些产出实现举措的重要程度进行了排序。

1. 为企业持续供应能够创造高绩效，并且能力和素养比较高的人才。

2. 提高员工的敬业度，在个人与组织间建立更加牢固的关系。

3. 提出比较完善的人才管理方案，积极推动基础设施的建设，同时在降低人力资源管理成本、HR 成本方面形成自己的优势。

4. 通过对人才的管理，实现企业在并购、创新等变革活动中的投资回报率。

5. 差距分析，对过去及新型人力资源管理流程的运作能力进行分析，找出其中的优劣势，从而及时制定有效的措施解决在流程运作中的问题。在实现新型人力资源管理运作模式之前，HR 技术平台等应该对自身进行有效的改善和升级，从而为新模式的运作提供必要的支持。

（二）重新设计流程

HR 们应该将眼光放在能够驱动业务价值的几个关键的 HR 流程上，比如，对人才供应渠道的改善及对人才能力的培养等。

综上所述，在新型人力资源管理运作模式中，对人力资源的规划应该成为人才供应流程的起点，中间的流程包括对人才的选拔、评估、甄选、入职，而对员工的首年绩效评估作为流程的终结。

进行人力资源规划可以帮助 HR 们更准确地识别和预测企业在人才方面的需求，从而更好地帮助企业招贤纳士。人才供应流程的负责人还应该与人力资源部门中的其他职员以及业务部门保持密切联系，帮助企业定义雇主品牌，对人力资源趋势进行分析以及预测，并改善人才获取的渠道，为企业的人力资源利用提供一个良好的条件。

此外，人力资源管理人员还要对雇用的人力资源进行跟踪监控，了解他们在入职后的表现，并根据他们各自的能力以及特征安排到合适的岗位上。

重新设计流程，关键在于各个部门职能壁垒的打破，通过跨职能的合作实现端到端流程的建立。企业管理者还应该对流程负责人实现充分授权，让他们能够充分发挥自己的聪明才智，促进结果的实现。

（三）探索架构变化

在定义了 HR 的关键产出之后，就需要采取具体的措施来对 HR 部门进行调整。关于 HR 部门的调整既可以很简单，即只要拓宽职能负责人的管辖范围即可，也可以很复杂，即需要对企业的组织结构进行改革，并选拔大量的流程负责人对人才供应流程进行管理。

流程负责人在新的运作模式中主要负责企业在一些领域的驱动关键产出，比如人才的供应和管理、人员的培养、人员绩效、雇佣关系的建立和管理等。

同时，在新的运作模式中还需要 HR 运营负责人，主要职责是管理事务性工作交付或者外包服务，可以对企业的各项指标进行管理，并在广泛收集数据的基础上进行数据分析，为企业战略的制定提供重要的参考。

（四）提升 HR 能力

很多企业的人力资源管理之所以会转型失败，很大一方面原因是因为企业只是对现有的人力资源管理进行简单的角色分配，而期望他们能够为企业交付新的服务。

要知道每一个人力资源在能力以及素养方面是存在一定的差距的，因此很多 HR 负责人都开始重视对企业现有人力资源人才能力的评估，但是往往很多人力资源的能力不能满足新型人力资源管理运作模式的需求。

在向新模式转型中的一个关键就是能够为企业选拔满足职位需求、拥有合适能力的员工，并让他们在关键的岗位上充分发挥自己的聪明才智。一般企业的关键岗位需要的都是比较高水平的资源，包括流程负责人和业务伙伴等，他们在关键角色中发挥的作用有时候甚至事关企业的成败，主要表现在以下几个方面。

流程负责人要在企业内创建无缝的、端对端的流程，将流程中的所有部分都紧密地联系在一起，同时还要保证 HR 们能实现关键产出。此外，流程负责人还要将员工从事的单点活动与公司的整体业务产出联系起来，从而保证单点业务与整体业务的一致性，以更快地推动企业目标的实现。他们不仅要控制流程中所需的资源，还需要对流程的进展情况进行实时监控，从而及时发现问题，提出有效的改善建议，保证流程的正常运作。

人力资源业务伙伴在企业的组织发展方面需要扮演更专业的角色，帮助业务负责人制定和执行业务战略，协助流程负责人制定人力规划战略，识别关键角色，充分挖掘他们的能力，开展继任计划，协助企业高管管理员工绩效，同时为企业的变革管理提供重要的支持，并保证业务领导的行为活动不与企业当前的文化冲突。

（五）识别新的指标

HR 们应该将目光放在与核心流程和产出密切相关的数据指标上，但是在实践过程中，HR 们由于不能对价值主张进行清晰的陈述而导致缺乏合适的衡量指标。

流程负责人可以通过合理的指标更清楚地了解和掌握流程的执行情况，从而发现流程在运作中的问题，并追本溯源找到问题的症结所在。

比如，在人才供应中，关键指标包括合格的申请人比率、Offer 的接受率、申请人的合格比例、新员工的绩效合格率等都是值得关注的关键性指标。通过对这些指标的了解和识别，可以帮助流程负责人在挑选人才的时候根据不同的需求，如有较高的 Offer 接受率、新员工绩效更好等要求，选择合适的人员获取渠道。

简而言之，对这些指标的识别，可以有效改善人才供应流程，帮助流程负责人更好地开展人才选拔工作。

新型人力资源管理运作模式的出现动摇了原有 HR 部门运作的根基，采用了一种全新的思维方式来思考以及解决问题。因此，这就需要 HR 们有一个更加明确的价值主张，并且要重新设计和调整原有的人力资源运作方案及流程，通过对业务的关注获得更多的价值。

新型人力资源管理的出现为 HR 部门带来挑战的同时，也提供了重大的机遇，可以帮助人力资源管理部门摆脱困局，实现真正的成长。新型人力资源管理打破了传统人力资源的孤立现象，将其与整体的业务连接在一起，注重企业的整体产出，同时也有利于培养系统性的思维方式。

更重要的是，新型人力资源管理模式可以让 HR 们更好地理解自己的贡献与业务需求的匹配，从而激发他们的工作积极性，为企业贡献更多的力量。

已经有部分公司开始实践新型人力资源管理模式，他们已经成为这种新模式的先驱和领跑者，他们的身上都有着共同的特征：不管是业务领导者还是 HR 负责人都始终抱着同一个目标，就是依靠组织及人才战略建立企业的竞争优势。

随着企业生存环境的日益复杂，企业所面临的人力资源挑战将越来越大，要想让企业在竞争中始终保持自己的优势，企业需要挖掘并留住更多的人才。作为一个 HR，你是想要企业成为领跑者，还是落于人后？答案显而易见。

第三节　大数据在企业人力资源管理中的应用

大数据时代，应对数据进行恰当利用。而如何对无用的价值和有用的价值进行区分，是颇有难度的问题。不少企业掌握着大量信息，却只是将其简单堆积，不会有效处理。只有对信息数据加以分析利用，使其转化为战略转变的工具，才能发挥其真正的价值。

如今，大数据正在逐步向人们生活的各个方面渗透，同时大数据所带来的挑战也会涉及更多的方面。在大数据时代下，各种资源不断整理融合，在彼此的摩擦中极容易创造出新的模式和新类型的人群。此外，数据在企业中的重要性也更大，逐步作为企业的生产要素对企业的决策起到愈加重要的影响。

对于大数据所带来的挑战，企业可以通过其对未来所带来的回报、发展过程中可能抓住的机遇进行以下分析。

一方面，企业要充分利用工具对大数据进行发掘，敏锐发现商机，及时把握机会；另一方面，企业还要对外部环境始终保持警惕，注意所发生的变化，及时对企业战略做出调整，从创新能力上多下功夫，提高企业的个性化服务水平，增大服务优势。

一、大数据时代的企业人力资源管理

（一）大数据对企业 HR 管理的影响

从管理学角度来说，管理是艺术与科学的结合。因为管理对象是人，可变与不可预见因素太多，无疑给管理带来了很大难度。其中管理对象可定量度低，因此，在管理过程中人力资源管理量化不够。以上因素导致人力资源管理过程中很难被公正客观地评价，而且管理的专业性也很难得到认可。

但在大数据时代下，人力资源管理将发生很大的改变。

1. 可提高人力资源管理的专业性。在人力资源管理的诸多环节中都可以借助大数据技术来使得原本不可测的管理过程做到测量、记录、分析等步骤都能有迹可查，因此极大提高了人力资源管理的专业性。

2. 有助于人力资源部门发挥人才管理的优势。在大数据的帮助下，人力资源部门对于人才的选拔、激励等职能的价值将会得到更好的挖掘，工作含金量大大提高，因此也逐渐会成为业务部门甚至是整个企业的决策所倚重的对象。

3. 帮助优化人力资源产业链。在大数据的作用下，人力资源全产业链都将发生巨大变化，其中包括人力资源部门、中介机构、行政管理部门等。全产业链由此可以真正以"人本思想"为中心，实现产业链上游和下游的资源战略共享，包括数据、测评工具以及人才发展理念等，促成人才价值提升及人才共享交流，以大数据平台技术为支撑实现真正的交流共享。

4. 有助于进一步强化人力资源管理中科学和艺术的配合。具体来说，就是让应该科学处理的部分更加具有科学性，应该用艺术对待的部分更加具备人性化的智慧。

当然，大数据在给人力资源管理带来便利和机遇的同时也带来了极大的挑战，因为大数据技术与人力资源管理的结合并非易事，这几乎是对整个行业的一个颠覆。如何对大数据的结构、构思等部分进行有效运用，是企业管理者需要认真思考的问题。

（二）大数据优化企业 HR 管理

1. 重视大数据的作用

大数据时代的到来意味着企业的经营环境也发生了很大变化，新特点是决策以数据为依据，数据进行网络共享，信息系统作为数据集成的平台。

人力资源要想发挥自己更大的价值并且拓宽自己的职能，专业化水平的提升是关键。

而大数据在提升专业化的过程中发挥着极为重要的作用，其利用互联网技术科学规范人力资源管理，使得每一个步骤都在向专业化的方向靠拢。

未来人力资源行业的发展势必会以依托大数据云计算为发展趋势，人力资源管理模式的升级要全面充分地掌握数据，重视数据的准确性和权威性，随时对数据进行动态监测；与此同时，企业还应实现在数据与最终人才价值与利益之间的转化，借助外力来提高人力资源管理的质量。

2. 促成人力资源管理的创新

在大数据的帮助下，人力资源管理将由原来多依靠经验进行管理向更加科学规范的管理方式转变，其中的选、育、用、留等过程都可以逐渐量化查询。如此一来，管理过程以及结果更加令人信服，精准度更高，管理部门自然也树立起了更高的威信。

新时代下，人力资源管理对于数据的依赖程度继续加深，先进的平台与相关技术可以更加科学高效地管理人才信息，管理效率大大提升。管理部门通过先进的平台对数据信息进行获取和分析，不但便捷，而且使整个过程更加规范化，为人力资源部门的领导者做出决策提供了更为可靠的依据。

3. 大数据在企业 HR 中的应用

大数据在企业 HR 中的应用主要表现在以下六方面。

（1）帮助制定管理策略和规划

在大数据时代下，市场环境瞬息万变，企业也需要随时调整自己的战略策略来进行应对。这就需要人力资源部门具备十分敏锐的洞察能力，在人力资源战略的规划方面要与企业发展策略相一致，只有二者相协调，人力资源部门才能为企业发展提供强大的推动力。

（2）对员工的能力提出新要求

在传统时代下，员工的工作经验是企业关注的重点，而到了大数据时代已经逐步偏重于员工的数据处理能力。在数据规模巨大并且复杂的今天，企业员工须具备对数据理性分析的能力，仅凭经验判断则容易出现失误。因此，员工应学会运用数据和系统，针对工作的特点掌握相应的数据处理能力，提高工作的准确度和效率。

（3）企业招聘精准化

在企业的招聘过程中，最核心也是最基本就是企业与人才之间的匹配问题，而大数据就为该匹配过程提供了精准高效的工具。在大数据时代，信息传播的渠道增多，人们之间的沟通与交流也越来越频繁。传统的招聘形式主要依靠个人自己撰写的应聘信息来了解情况，而在大数据时代下则可以通过各个社交平台来对个人信息进行深入挖掘，对应聘者的情况有更加全面及深入的了解，从而更加精确地完成企业与人才之间的匹配。

（4）调整员工培训的方向

传统模式下员工培训多集中于企业相关业务水平的训练，而在大数据时代下，对数据信息的整合、提炼、分析、价值挖掘等能力的训练提上日程。企业员工在对数据熟练运用的前提下还要培养制订行动计划与提高自身执行力的能力。

（5）改进人才考核

大数据为人才选拔、绩效考核等问题的研究提供了更加具有说服力的科学依据，能够帮助决策者挖掘出数据之间存在的一些潜在联系，通过这些联系来把员工的综合情况串联起来，有效进行各项考核测评。

（6）人性化的激励制度

在数据流的冲击下，企业结构、组织等不断进行调整甚至重建，在应对市场环境变化的同时也容易给员工带来心理上的不安全感。因此，实施人性化基础上的员工激励制度，能够最大限度地提高员工的心理归属感与企业集体荣誉感，激发员工积极性，使其价值的实现与企业价值的增长同步进行。

二、大数据在培训考核中的应用

大数据技术的应用使得人力资源管理发生了一场巨大的变革，人力资源管理在这场变革中转型升级逐渐走向成熟。

这种大数据给人力资源管理所产生的变革主要体现在以下几方面。

（一）大数据与人力资源培训

人力资源培训主要是指员工任职后企业通过相关的培训使其技能与业务水平得到综合提升。互联网技术的快速发展，云课堂、云笔记、云教材、云考试等相继出现，使得在线教育进入一个快速发展期。

在线教育突破时间、空间、年龄、身份等传统教育各种限制，使人们随心所欲地学习自己所感兴趣的知识。

想要提升自身能力的人获得了传统时代难以得到的各种学习的资源，自学不再像以往那样很难坚持下去，自学者有了各种形式的在线学习资源，这使得学习不仅满足自身需要还能获得愉快的体验。培训机构利用大数据分析技术可以找到高质量的内容、水平最高的老师、满足消费者需求的各种教材等。

（二）大数据与人力资源考核

人力资源管理的关键指标就是考核，一个组织缺乏考核，其想要实现的目标则很难在规定的时间内完成。将人力资源管理考核做到完美是相当困难的，在大数据应用于人力资源考核的背景下，每一名被考核者都必须做好自己的工作日志，记录下自己每天所完成的工作及心得体会等。

管理者借助系统统计工具可以对员工的工作状态有一个大致的了解，项目的进度、难点都会清晰地反映出来，而且每个项目成员站在不同角度所表达出来的不同观点也能让管理者有一个综合的把握，出现了问题可以及时进行战略调整，及时排除隐患。

电商企业可以借助大数据技术的应用对员工的工作业绩进行预测，产品的年销量过去只能在年终结算时才能统计出来，现在通过大数据可以进行预测，从而对销售人员进行指导，提升企业的利润。

通过大数据分析技术建立数学模型，将具有比例关系的询盘价（产品点击询问的价格）、下单购买时的商品价以及实际交易价反映在数学模型中，使管理人员能够及时了解每个员工的大致销售业绩，业绩超额的给予奖励，业绩不达标的督促其调整。

三、大数据在人员配置中的应用

（一）大数据与人力资源配置

人力资源配置是将不同的人才按照岗位需求的不同特点进行分配，这其中要涉及流程十分复杂的员工综合素质评定，不同岗位的特殊需求在企业发展的不同阶段也有所不同。

由此，人力资源的管理人员需要做好两个方面的工作：员工素质的综合评定与岗位权责的详细说明。能将这两者实现完美契合，需要人力资源管理人员付出极大的努力。

（二）大数据与人力资源招聘

现实中的企业规模不尽相同，规模的大小决定了其对于人才的需求也有所不同，一些企业需要有一个高级人才来镇守一方，而有的企业只是需要一个一般水平的人才来跟进一个项目。当然，一个需要高级人才的企业引入人才所要耗费的资源也比较多，现实中一般企业会把这项任务委托给猎头公司来进行，国际上的猎头公司之所以能够比较容易找到高端人才，其秘密就在于引入了大数据分析技术，在人才的获取中如果能有一个基数够大的数据库与能进行高速运算的搜索引擎往往会有事半功倍的效果。

猎头公司借助大数据分析技术，构建出其专属的人才搜索体系。这种搜索体系的数据来源比较广泛。比如，专业期刊、学术论文数据库、论文数量以及引用指数、专业论坛的交流信息等。猎头公司利用这些海量的数据，找出自己所需求的信息，再建立自己的人才数据库与需要各种人才的企业相匹配。

四、大数据在员工管理中的应用

（一）大数据与人力资源使用

毋庸置疑，每一个企业都会产生大量的数据信息。员工之间的交流信息可以让企业的管理者掌握员工个人的能力，还能掌握团队之前的协作能力，从而帮助企业提升员工之间的协作能力，进而提升工作效率。在未来当有足够量的信息作为支撑时甚至可以预测出不同人员构成的团队在做同一个项目时所能产生的不同效果。

一些媒体曾经报道过，借助传感器以及数字沟通记录，能够掌握不同团队适合何种工作。由此，可以为每一个团队贴上"标签"，企业根据团队擅长领域的不同给团队分配不同的任务，这会极大提高企业的项目成功率，为企业创造源源不断的财富。

当下，大数据已经成为优化服务、拓展技术研发、激活员工创造力的重要工具。不会运用大数据分析技术的企业在未来将会面临巨大的生存压力，企业的管理者以及员工对大数据时代应该积极拥抱，逐渐培养出自己的大数据思维。

（二）大数据与核心人才保留

有时，企业难免会发生一些综合业务能力强、专业技能水平高的人才流失的情况，这无疑会给企业带来巨大的损失。

之前，企业为了防止核心人才流失，在薪资待遇、情感文化、事业发展等方面想尽了各种办法，但是还是会出现人才流失的情况。如果只是少数人才流失那还能说得过去，毕竟人才的更替在所难免，一些员工基于私人原因离职也在情理之中。但如果出现大规模的人才流失那管理人员就应该反思了，是不是企业的人力资源管理出现了严重问题？要防止这种因人力资源管理出现问题致使员工出走的情况可以应用大数据分析技术，企业的管理人员可以掌握员工的状态信息，对人才的外流及时预警。

事物的发展往往是有一定的征兆的，同样地，人才离职也会在其离职前的一段时间内有所表现。由此，人力资源管理部门要对员工的工作状态信息进行及时整理、动态分析。比如，一些员工平时积极主动，最近却寡言少语；一直拿全勤奖的员工，最近却经常请假；销售业绩经常超额的员工，最近绩效大幅度下滑；等等。

这些征兆，通过分析应该不难发现，而企业对员工工作状态信息的收集与分析也催生出一种人事部门的新岗位——员工数据分析员。这个岗位要求任职人员具有极强的数字敏感性，通过微小的变化察觉出员工的异常情况，并且能够给出相应的问题解决方案。

（三）大数据与人力资源薪酬

薪酬待遇对员工是十分重要的，西方企业有一个专门的概念——"薪酬谈判"，企业所给员工的待遇，有一个专门的谈判流程。

企业所给出的条件如果员工能够接受，员工自然会留下，反之员工会直接走人。这可以看作是企业与应聘者之间进行的一场博弈，企业在薪资谈判中如果能了解应聘者对薪资水平的认可度，将会使企业占据优势地位。

例如，一种"社会关系测量器"，它能够搜集人们在生活状态中的一系列行为信息，这些信息能够比较准确地反映出人们的心理状态。将这种技术应用于薪资谈判中，只用半分钟的时间便可以得出应聘者对薪资水平的可接受度信息，招聘人员可以及时调整薪资水平获得自己想要的人才。

这种仪器的测量精确性也是建立在对大量的数据收集与分析前提下的，应聘者对薪资待遇可接受程度的评估需要有海量的数据做支撑。未来的薪资谈判领域，大数据分析技术的应用无疑将会开辟一个全新的时代。

第七章 基于互联网时代下企业人力资源管理与模式创新

第一节 互联网时代的人才培养模式创新升级

一、互联网时代的人才培养模式变革

（一）"互联网+企业培训"的概念

自政府工作报告中首次提出"互联网+"计划以来，使得许多行业把"互联网+"纳入品牌推广策略中，作为吸引用户的一个元素，企业培训也是其中之一，似乎在短短的一夜间，"互联网+企业培训"迅速崛起并进入人们的视野。

不能把"互联网+"看作是简单的网络技术应用，它指的也不是简单的互联网思维，确切地说，"互联网+"是一个综合体，是网络技术、互联网思维以及互联网商业模式的综合。从本质层面上来说，它涉及用户中心、数据驱动及生态协同。

互联网与企业培训的结合不是简单地在企业培训中运用网络技术，它是指在培训过程中，将网络技术、互联网思维及互联网商业模式纳入整个价值链中，对其进行重塑。

企业培训与互联网的结合，会颠覆之前的培训系统，呈现出以下新面貌。

第一，转变用户的被动地位，以自下而上的传播机制为主，培训方更加注重用户的需求，对用户信息进行分析，增强用户在培训过程中的体验，保持用户的活跃性，引导用户在培训过程中提高专业技能水平并建立新的结构系统，重视用户的反馈信息。

第二，在数据驱动方面，打造数据化信息系统，将用户在培训中学习的具体课程、培训规划、具体的表现、最终取得的效果等以数据形式存储起来。实现数据的加速传导，利用大数据分析技术来处理信息，以此来提高商品的价值含量并进行价值推广。

第三，在生态协同方面，用户地位的转变使价值网模式代替了之前的单向链模式，新

模式下的供需状况与之前相比更易发生变动，这样一来，整个生态系统中的参与者之间的联系就更加紧密，他们在为其他参与者提供场景的同时，也身处别人构造的场景之中，彼此之间密不可分。

但我们需要明确的一点是：尽管信息传导方式发生了变化，价值链与价值网中的各个环节是保持一致的，仍然包括调研分析、体系设计、内外部供应商选择、课程开发、品牌传播、培训实施和培训管理七个环节。

下面来分析一下用户中心、数据驱动及生态协同的价值环节可能呈现的新特点。

1. 用户中心

用户中心指的是价值体系以用户需求为导向，分析用户特点，重视用户体验，保持用户活跃度，提高用户参与度。

（1）在价值经营过程中，调研分析阶段着重调动用户的积极性，寻找用户的核心需求。

（2）体系设计、内外部供应商选择及课程开发阶段，以用户取得的最终效果作为培训机制的衡量标准，按照用户的意愿选择供应商，按照用户需求调整具体课程内容。

（3）在品牌传播阶段，推动用户的二次传播，提高品牌影响力，采用多媒体平台传播及自媒体传播。

（4）在培训实施及管理阶段，让用户根据自身情况定制学习目标与整体规划，采用灵活的课堂形式，让用户根据自身需求进行学习进度的管理，允许用户选择适合自己的方式来接受培训，采用社群经济模式，对用户之间进行效果评价，进行用户反馈信息的统计与处理等。

例如，网易的一个设计人员曾经就一款领导力产品做过相关推广，整个系统的运营都是围绕用户需求进行的，在深入分析用户的前提下，该设计者归结了各个层次管理人员的特点，在此基础上，以婴儿期、青年期、家长期、部落首领期来比喻各个层次的管理人员所处的时期，根据他们的发展需要进行培训产品的研发，并采用线上线下一体化模式实现最后的实施过程，这样的产品设计确实是以用户为核心的。

2. 数据驱动

企业培训与互联网的结合与传统培训模式不同，整个体系及过程的发展是开放式的，在产品价值实现过程中，进行即时信息统计与处理，在制定课程内容、进行案例讲解时不要固守传统模式，应该按照用户所处的发展阶段及数据更新进行灵活选择与完善。

培训方应该充分利用互联网资源，采用先进的数据分析技术，追踪用户的学习进度，了解他们的学习用时、常见的问题、偏爱的培训老师等信息，对培训产品进行适时的更新与完善，企业进行人才任用与调动时可以参考学员受训时的具体表现。

所以，与互联网相结合的企业培训不需要培训团队精于数据处理，但是应该具备基本的信息分析思维，懂得进行数据统计，根据分析结果进行产品设计的改进和调整，提升培训价值。

另外，如何分析受训者的发展需求呢？如何根据其需求制订培训计划呢？如何保证培训计划进展顺利呢？无一例外都要用到数据驱动。

3. 生态协同

新模式下的企业培训系统使参与者之间的联系更加紧密，众筹众包方式的采用改变了之前的供求状态，参与者成为利益共同体中环环相扣的组成部分。

业务部门（企业用户）、受训者、经营方、培训讲师、财务、推广等职能部门的经理等都是整个企业培训系统的参与者，应该充分利用互联网将这些参与者组织起来，实现生态协同。

另外，还要注意对具体环节的调整与灵活应用。比如，在课程开发阶段充分发挥用户的主动性，在品牌传播阶段发挥社群的推广作用，在保证目标协同的基础上，充分考虑用户的发展需求，实现系统的开放性运作，借助互联网科技进行数据传导，将各个环节联结成一个整体。

在具体的执行过程中，应该积极调动各环节工作者的参与性，在课程开发阶段，鼓励每个用户与开发者进行积极经验交流与共享。

（二）传统企业培训模式面临的问题

目前，企业还无法在短时间内完全摒弃传统的企业培训模式，但在"互联网+"浪潮的冲击下，传统企业培训模式的弊端已开始显现。

1. 培训师产能有限，跟不上发展速度

传统的企业培训模式以课程面授为主，以各种衍生方式为辅。每期的学员数都有一定的限制，并且针对的学员类型也不同，授课的地点也不固定，需要耗费大量的时间及精力。

对此情况，企业纷纷选择了"一招鲜"的授课形式。培训师利用 2~3 个月开发一门课程，然后在接下来的一年甚至几年中完全讲授这门课程。但是培训的速度没有知识更新的速度快，这就导致即使企业进行培训，还是无法改变被市场淘汰的命运。

2. 好资源与好企业难相遇

传统的企业培训主要是通过线下与培训机构交流或者体验培训课程等方式来寻找培训资源。

通过这种方式获取的信息不对称，且无法从全局衡量企业的培训状况，并且耗费时间，最终的结果也无法令企业满意；与此同时，培训机构也面临困境，优质的培训资源难以发掘，开发的优质课程找不到消费的客户，无法为其创造商业价值。因此，在培训市场形成"企业找不到好资源，好资源遇不到好企业"的现象。

3. 个性化学习需求涌现，培训机构面临挑战

由于企业员工的工作经历、职业履历、专业背景不同，在学习时也会呈现出多样化的需求，而传统的企业培训方式采用的是"一锅端"，没有考虑员工的差异化和个性化需求，因而培训的结果也令人大失所望。员工需要的是为他们量身打造的岗位培训，符合他们职业发展规律的学习。

因此，培训机构需要根据员工的自身特点及所属行业的特性，有针对性地进行培训。

（三）"互联网+企业培训"的趋势

中国经济正经历改革转型时期，经济增速开始放缓，大部分企业受此影响，营业利润开始出现下滑，一些不能及时跟随主流形式发展的企业在这场变革中只能被淘汰，一些企业积极求变，在技术创新、模式创新、市场拓展、战略调整等方面进行了诸多尝试，也取得了不错的效果。

从本质上来看，支撑这些变革行为的基础还在于人才，企业培训承担着培养人才、构建人才供应链的重大使命，在这个阶段自然显示出了其重大意义。

企业的培训建立于组织的管理思想之上，管理思想也属于人文学科的一部分，所以，企业培训和人文学科的内容具有较大的关联性。从本质上来说，人文学科类别下的管理思想具有如下两方面的特点。

第一，管理思想有门派之别，纵观人类的发展历史，没有哪一种思想能够完全主导人类的发展，人类社会的不断进步正是来源于不同的思想之间的交流与碰撞。管理思想在不同的企业有相应的内容，每个企业的管理思想都具有其特殊性，对企业经营来说管理思想没有最好的，只有最适合的。

第二，管理思想有层次之别，站在中国传统智慧的角度上来看，管理思想的层次主要有"道""法""术""器""势"五个方面。

"道"代表了人们对于组织管理的基本理解，理解上的不同形成了管理流派上的差异性。

"法"是"道"在组织管理中的具体体现，发展出了一系列的管理规律。

"术"是"法"在组织管理中的应用，是达成组织预定目标所采用的方式与方法。

"器"作为"术"在实施过程中所采用的工具，它是"道""法""术"能够运用到组织管理中的媒介。

"势"是人在运用上述四者时所形成的一种独特的气质与风格，管理者要强调的是"势"的独特性。

管理思想的门派与层次之间形成了组织管理思想的体系，企业培训所要涉及的内容基本都被这一体系所覆盖，在该体系的支撑下，未来的企业培训具有以下几个发展趋势。

1. 更强调系统性

国内的企业历经多年的发展逐步走向成熟，多数企业已经摒弃了盲目的传统培训方式，培训的区分度越来越高，但是对于企业的培训而言最为重要的不是如何进行区分，而是在于怎样进行选择。

之前的企业培训倾向于博采众长、中西结合，从而忽略了不同派别的管理思想之间的差异性，尤其是对于一个管理思想体系刚处于初步建设阶段的企业来说，按照这种培训方式发展下去，轻则培训收效甚微，重则损害企业发展。未来，企业真正需要的是系统性的培训。

系统性强调管理培训过程中企业对于不同门派的层次差异性有所掌握，先从一个门派开始循序渐进，逐渐对组织管理有一个全面的认识。在此基础上，结合企业的人文特点形成企业独特的管理风格，并通过将其构筑在企业文化中贯彻到企业的每一个阶层。

未来的企业培训系统化也必定伴随着企业个性化及定制化培训体系的形成，企业的培训系统越来越具有专属性，相应的人力资源管理的工作难度也大为提高。

2. 内容更加多元化

互联网将整个世界形成了一个跨越时间与空间的网状结构，每一个节点都有众多的连接方向，互联网所应用范围的逐步增加，企业的培训体系所涵盖的内容也越来越多，培训的需求更加复杂，内容更具多样性。培训市场上的培训产业将会有巨大的改变，更多全新的理念与概念将会浮现出来，为培训体系的进一步完善做出贡献。

培训产业的发展，相应的产品及服务的种类也会迅速增加，企业选择的难度也会相应增加。但是企业的管理者应该明白的是管理思想的多元化和概念的多元化有所不同，国内各个领域几乎都充满各种概念，而思想趋势需要以科学逻辑与理论基础作为支撑，概念从本质上来讲只能作为思想的一种外在表象。

相比思想而言，国内的管理者更加倾向于概念，概念可以被管理者相对容易地控制，成为其管理工具。国外的先进管理思想被引入后只剩下概念，甚至有时因为文化的差异导致概念与国外的管理思想大相径庭，管理者通过企业培训，将其传授给员工是十分危险的。

未来的企业培训不应只停留在对概念的探索上，对管理思想的深度把控显得更为重要。互联网时代的中国经济转型与改革会伴随管理思想的一次深层次变革，管理思想的多元化发展将会为中国的企业走上世界舞台做出巨大的贡献。

3. 知识更新速度加快

中国正值全面深化改革的关键时期，创新发展成为时代主题，企业面对这种外在环境需要及时进行战略调整，不仅需要创新推动发展，更需要更新企业理念、知识体系及思维方式。

市场需求的逐渐变化，使得管理思想以及概念也相应受到巨大的影响，培训产品以及服务类型逐渐增多，而这种思想与概念的快速更新，致使培训产品的寿命大幅缩短。之前一个经典的培训产品会获得企业的一致认可，被企业争相引入，到未来这种局面将不复存在。培训产品的个性化以及定制化使得产品由有相应特性的企业来购买，企业对于培训产品的选择更加趋向于理性，当然这也是企业培训行业走向成熟的一种标志。新事物不断涌现，企业就应该推陈出新、积极拥抱，墨守成规只会被时代抛弃。

知识的快速更新也反映了企业对于人才的需求也在不断地变化，如今的企业进行知识更新是一件比较困难的事情，这也使那些企业新人有了更多的发展机遇。

4. 思维塑造更加重要

长时间以来，国内的企业培训更加注重"术"与"器"，注重于理解的"道"比较深奥，不易被轻易掌握；"法"更加倾向于对规律的总结，难度同样不小；而"术"与"器"就显得相对比较简单，易于操作。

这种畸形的发展使得管理者身上的"势"很难发挥出来，缺少了"道"与"法"对管理者思维的培养，接受培训者很难有所收获，到最后形成的就是披着国外先进管理理念外衣的中国传统管理思想大行其道，不能使二者深度融合，所进行的培训自然显得有些不伦不类。市场竞争的日益激烈，使得企业越发需要静下心来去仔细思考"道"与"法"。

企业的人才培训承担着重要的使命，将"道"与"法"的真正内涵融会贯通，改造被培训者的经营思维，支撑培训产品的真正核心还是最为基本的理论，是对"道"与"法"的深层次运用，也只有这样将"道""法""术""器"结合的"势"，才能真正展现出对管理思维强大的塑造能力。

5. 技能训练更加普及

"术"与"器"的应用在培训中更加大众化，培训中的技能、工具大部分可以被直接复制，标准化以及流程化非常容易实现，互联网的出现更使得这种传播普及能力进一步加强，相关的培训也因此变得更加高效快捷，企业培训的投入成本大幅度降低，促进了推广普及的实现。

建立在重视"道"与"法"基础上的"术"与"器"的普及而产生的培训效果更加有效，以往企业培训将"术"的作用过分放大，再加上管理者对"术"的青睐，"术"在企业培训中显得越发重要，企业以为掌握了"术"就能驰骋沙场、攻城略地；当企业遭遇危机时，"术"又被抬高到灵丹妙药、起死回生的地位。培训公司对这种局面的形成应该负有一定的责任，实际上，为数众多的"术"都是通过培训公司引入企业培训之中的。

"术"的种类逐渐增多，其价值也开始下降，"术"对企业发展的作用被客观认识之后，其才能够被企业更加理性地对待，技能培训能够普及化，在企业的培训过程中无疑会带来人才的增长以及企业的发展。

6. 内容更加具体化

互联网时代所带来的变革使得企业对培训的需求也从集中转向离散，培训的内容、形式都有所改变。需求的分散对精细化培训提出了更高的需求，一些想要通过几次培训课程就把所有的需求解决的想法是十分不现实的，培训也在朝着更为具体的精细化方向发展。

企业管理在不同的管理思想理解下自然会有所不同，未来的企业培训应该注重于"精"，和企业所需要的人才特点相匹配，将"道"与"法"的理解与对"术"与"器"的广泛应用相结合，打造新型的管理思维，注重具体化，最终实现企业培训的有效完成。

中国市场经济的转型升级给企业的发展提供了更多的机遇，而且随着改革的进程逐渐向前推进将会释放出更大的发展空间，但是机遇与风险共存，在这种局面下，企业的创新发展成为关键因素，企业培训塑造的人才供应链的优劣成为企业能否完成突围的重要依托。

7. 塑造"多专多能"型人才

互联网时代网状结构连接节点的方向比之前的线性结构有了更多的可能，这对处于每一个节点上的组织或者是个人的能力有了更高的要求，复合型人才走上时代舞台。

市场的发展，企业经营的领域逐渐开始跨越边界，人才的需求也需要改变，不同行业与领域的培训开始逐渐融合，企业培训需要提升人才的价值，为人才的价值创造打下坚实的基础。

中国经济的转型与变革，会给企业带来巨大的革新，但是本质上改变的还是在企业背后的人，能主动学习善于运用的人会找到新的机遇，从而走向金字塔的顶端；不能适应的人会被变革的洪流裹挟，成为他人成功的垫脚石。

未来谁能够把握企业培训的这七个发展趋势，进而将其应用到实践之中，构建出顺应时代发展的人才供应链，谁就能成为这场变革的最大受益者。

二、"互联网+"时代，企业培训的转型

（一）"互联网+"给企业培训带来的变革

随着互联网时代的来临，企业培训也逐渐与互联网思维相融合，寻找新的突破点。

1. 企业 E-learning 平台带来便捷

企业充分利用互联网的便捷性，建立 E-learning 平台，为员工学习提供便捷的服务。E-learning 平台为学员的学习提供了学习任务分配、进度跟踪、效果监督等服务，既达到预期效果，又能节省时间和精力。例如，中国电信网上大学就是国内普遍受欢迎的 E-learning 平台。

对于企业来说，E-learning 平台能够帮助培训机构发掘潜在的用户资源，提高课程开发的品质，产生巨大的商业价值。通过 E-learning 平台，培训机构开发的课程可供多家企业同时使用，且授课地点依企业自身的需求而定，而培训人员也无须全国各地跑，只须将开发好的优质课程放到 E-learning 平台上即可，提高了效率。

此外，通过 E-learning 平台，培训机构的曝光率得以提高，能够吸引更多的企业参与培训；同时，通过 E-learning 平台，培训机构和企业可以更好地沟通，使培训机构在开发课程时更有针对性。

2. 互联网与移动互联网成为企业培训的有力工具

随着移动互联网的发展，学员的主体地位逐渐得以凸显。传统的企业培训模式已经落伍，"集体上大课"也被市场淘汰，讲师开始针对学员的特点而采取个性化的授课方式，使学员在灵活、主动、参与性强的课程中，提高自身的专业素质，获得更多的发展机会。

移动互联网时代，人们随时随地进行学习的设想得以实现，学员能够充分利用在地

铁、公交，甚至就餐前的碎片化时间进行学习；同时，互联网的发展提高了讲师的曝光度，企业可以随时搜索培训机构的实力、讲师的专业素质等相关信息。

3. 名师品牌效应增强

随着微博、微信等社交媒体的兴起，专业能力较强、业务素质较高的讲师开始脱离培训机构，成立个人工作室。而互联网的发展则为讲师提高自己的知名度提供了多种便捷的渠道，能够最大限度地挖掘用户资源。例如，培训界的刘一秒老师，在离开培训机构单飞后，一次授课就高达几十万元。

企业在寻找培训机构时，由注重培训机构的知名度转为看中讲师的名气，甚至企业之所以与某些培训机构合作，是因为它的讲师很有知名度，或者企业抛开培训机构，直接与讲师洽谈。与讲师单独合作，不仅能够达到应有的培训效果，同时还能够降低培训成本。因此，培训机构也更加注重名师效应，从而抢占更多的用户资源。

4. 大数据带来个性化的培训服务

当今时代，互联网和大数据的发展为我们获取数据、分析数据提供了便捷。通过大数据，培训机构可以清楚地了解到学员的需求，并有针对性地安排课程，以促进其职业生涯的发展。针对学员不同的个性特点，培训机构也制定了多样化的培训课程，以满足其长尾需求。

例如，云学堂推出岗位能力模型，利用大数据对学员的需求进行分析，并为其推荐符合其自身特点的课程；同时打破"讲师讲，学员听"的传统单一授课模式，而实施全员参与、双向互动的新型授课方式。再如，京东邀请各部门的骨干员工参与企业的微课开发。

(二) "移动互联网+企业培训"的方向

随着移动互联网的发展，社会逐渐朝着碎片化、信息化的方向发展。为了适应移动互联网下的时代特征，企业必须进行变革。只有充分利用移动互联网的优势，加大人才培养的力度，抓住用户的痛点，企业才能在激烈的市场竞争中生存下去。

那么，在移动互联网时代，企业培训应如何创新呢？下面给出了移动互联网时代企业培训的新方向。

1. 移动化的员工培训

移动互联网的发展，使企业培训也朝着移动化、碎片化的方向发展，为企业培训提供了便捷的途径。

（1）传统的企业培训模式被淘汰，学员不需要参与大课堂式的培训，也无须专门抽出时间进行学习。可以在地铁、公交上学习，也可以利用就餐前的间隙进行学习，充分利用碎片化的时间来学习知识。

（2）企业能够降低培训的成本，通过移动在线方式进行培训，激发员工的学习热情和积极性。

2. 微课程的开发要求和应用

针对移动化、碎片化的时代趋势，培训机构需要开发新的课程，如微课程。在移动互联网时代，冗长乏味的授课方式已不能适应学员灵活性、多样化的需求，即使利用互联网在线授课，也是换汤不换药。因此，培训机构需要严格把控授课的内容及质量，适应移动互联网时代的需求。

（1）掌控授课时间，长度可为 20～30 分钟。在社会高速发展的今天，人们在上下班的路上要耗费大量的时间，特别是大城市的堵车现象更为严重。而此时，人们可以利用手机、平板等移动设备学习 30 分钟的微课程，既利用了碎片化的时间，又学到了知识。

（2）严格把握授课内容。授课时间的缩减，并不意味着授课质量的缩水。培训机构可以提炼课程内容的精华，重点讲解知识点和重难点。

（3）完善学习效果。培训机构在录制视频时，可以采用分辨率较高的视频格式，并采用灵活多样的授课形式，使课程内容看起来丰富有趣，以达到较好的学习效果。

对于企业来说，微课程的开发对企业培训也是一项挑战。企业自身所具备的能力能否达到开发课程的要求，即使有能力开发，能否与岗位需求相匹配也是企业需要考虑的问题。

3. 学习红包的激励作用

"抢红包"已成为人们热议的话题，同时抢红包的流程也开始适应时代潮流，变得更新颖、时尚。人们充分利用移动互联网的优势，以在线支付的形式给朋友、亲人发红包，一改传统单一的形式。在这样的时代背景下，企业也开始将红包与培训相联系，以学习红包的形式激励员工学习的热情和主动性。

虽然很多企业会以现金的形式给员工发年终奖，鼓励员工积极工作，但学习红包却能产生比现金红包更大的激励效应。发学习红包不仅在物质上激励员工努力工作，同时也满足了他们精神上的需求，拉近企业与员工之间的距离，使员工产生归属感。

因此，企业可以充分利用学习红包的优势，从物质和精神两个方面激发员工的工作热情和学习自主性。

4. 企业培训学习平台的宣传与打造

企业培训对企业的发展具有举足轻重的作用，不仅可以宣传企业的文化、品牌，增强员工对企业的认同感和归宿感，同时也可以制订长远的发展规划。

传统的企业培训模式，企业的官方网站、微博、内刊以及培训手册是企业宣传的媒介；但随着移动互联网时代的来临，企业宣传的渠道得以拓宽，可以通过移动化的学习平台，向员工传播企业最新的发展动态、培训计划、培训课程资源等，方便员工随时随地查看、学习，将培训与工作融为一体。

总体看来，企业在设置培训课程时，需要真正考虑到自身的发展现状，培养岗位需要的人才，同时也满足员工提高自身业务能力的要求。

因此，在进行培训之前，企业需要深入了解培训对象的潜在需求。只要做到了这些，不论问题有多复杂，企业都可以迎刃而解。

随着互联网的发展，企业培训的模式也发生了翻天覆地的变化，从培训到学习的跨越式跳进，再到移动互联网时代的移动化培训，培训市场正朝着信息化、标准化和智能化的方向发展。"互联网+"已影响到企业的培训，而如何将培训与互联网更好地融合，还需要企业的不断探索。

三、在线学习："互联网+"改变企业学习模式

（一）在线学习：新常态下人才培养模式

在移动互联网时代，市场格局早已发生变化，企业纷纷转型，传统的雇佣关系破裂，资金资本与人力资本开始处于平等的位置。

企业在追求效益的同时，更关注人才的流动性，如何挖掘员工的潜能，发挥他们的才能成为企业关注的焦点。在追求量的同时，更关注质的问题。此外，在人才的管理上，企业也由员工忠于企业转向忠于工作、忠于客户。员工不再是企业的附属品，而是作为一个独立的个体，成为社会的热力共享资源。

在这样的大背景下，企业必须进行人力资源管理的变革，建立以胜任素质模型、任职资格体系为核心的人才供应链。

处于时代转型之际，企业应加大人才培养的力度，拓宽引进渠道，将外部资源与内部资源相结合，培养公司所需要的人才。在市场竞争中，人才伴随企业发展的始终，谁拥有了高端的人才，谁就获得了发展主动权。

培训已成为企业首选的培养人才的途径，但商业格局早已发生翻天覆地的变化，传统的企业培训是否还能适应时代的要求呢？

1. 传统的培训已经不能胜任内部人才培养的重任

虽然目前培训成为解决企业人才匮乏问题的重要途径，但我国企业的培训是以课程面授为主，以各种衍生方式为辅的传统培训。这种培训方式不但效果不明显，而且还存在培训出来的优秀人才离职的现象，使企业遭受更沉重的损失，因而也降低了培训的热情，甚至企业不再培训。

与此同时，培训部门需要兼顾多种事务，无法集中精力进行培训。而员工也认为传统的培训在工作上对他们没有太大的帮助，参与的积极性也比较低。这样的培训无异于走形式而已，与企业进行培训的初衷相背离，其结果也必然失败。

内部员工缺乏参与的热情，即使有兴趣参加，在培训完之后，企业也面临人才流失的困境，企业的培训只能以失败而告终。

培训不仅没有促进企业发展，反而产生了负面效应。原因在于虽然在主观上，企业的出发点是好的——为了促进企业和员工的共同发展；但是从客观上看，由于培训针对的是能力大小不一的全体员工，因此也就无法满足所有员工的需求，尤其是那些高素质的员工，他们需要的是专业性的辅导，同时培训的方式也比较僵化死板，不符合员工的学习特点，致使培训没有达到应有的效果。

2. 学习是新常态下人才培养的有效方式

从根本上来说，优秀的人才并不是培训出来的，而是通过自身不断地学习摸索，以及在日常工作中不断地实践反复，日积月累起来的。

培训只是学习的一部分，在雇佣关系的新常态下，企业更应该对二者的区别有清晰的了解。学习是通过阅读、听讲、观察、研究、实践等增长知识或技能。"70：20：10法则"也形象地说明了学习是增长知识和技能的主要途径。随着时代的进步及企业经营经验的丰富，越来越多的企业开始重视对人才的培养，尤其重视高质量的培训，而不再过于追求人数的众多、过程的完美及课堂气氛的热烈。

在雇佣关系的新常态下，员工的思维观念也发生了变化。他们在工作中投入极大的热情，会为了实现自我的价值而自主学习，在工作实践中更具责任心和使命感，善于将理论知识与实际相结合。这样具有自主能动性的员工更容易获得发展机会。企业有针对性地培养人才，而员工也主动学习，在两者的配合下，企业和员工都将获得发展。

当今，科学技术迅速发展，互联网普及程度加快，雇佣关系出现新常态，传统的培训方式已满足不了时代的需求，企业必将进行人才培养的转型，由培训转向学习是时代发展的要求，也是企业实现发展的关键。

（二）企业实现从培训到学习的跨越

从培训到学习意味着企业管理观念的变化，同时也是人力资源管理方式的更新，那么，企业应如何实现从培训到学习的跨越呢？

1. 打造学习的企业文化

企业文化的更新是从培训到学习跨越的基础，要求企业的高层管理者更新管理理念，用先进的思维共同促进员工的学习，为其营造一个和谐的氛围。

高层管理者要率先垂范，为员工做好榜样，并完善相关的体制机制，从制度、用人政策、利益分配等方面培养员工的学习热情和积极性，在全公司营造爱学习的良好氛围；反之，如果员工在企业能够不劳而获，那么这样的企业也不必向学习转型。

2. 建立学习体系

建立学习体系能够保证员工顺利学习，并达到预期的效果，因此，企业需要结合自身特点建立符合本土要求的、简单易行的体系。

在移动互联网时代，企业要充分发挥互联网的优势，利用 IT 或互联网学习管理平台。管理人员要从制度、政策、跨部门合作等方面对员工予以支持，为其提供充足的学习资源，提高学习效率。

3. 用技术支撑学习

学习不同于培训的特别之处在于它能适应互联网时代的要求，善于发挥互联网的优势，使企业在从培训到学习的跨越上拥有强大的技术基础，而企业依据自身特点，设计合理的学习计划将会使学习过程充满活力，学习结果令人满意，同时企业对学习的管理也能更具针对性。

利用互联网、大数据等的优势，企业可以准确地分析数据，更好地改善学习过程中出现的问题，使管理者有策略地处理问题，将精力放在最重要的事情上。此外，企业也可以通过科技创新，研发自己的学习平台。

4. 将学习平台与管理系统打通

将学习平台与管理系统打通，从公司制度上激励和监督员工学习，员工的学习成果直接关系到他的绩效。虽然学习有助于提高员工的工作技能，为其提供更多的发展机会，但学习毕竟是一件痛苦的事，需要企业采取一定的激励手段，在精神上鼓励学习，在管理上营造利于学习的企业文化。

5. 建立知识管理

虽然外部的学习平台及知识库为企业学习提供了丰富的资源，但是外部课程的设计形式并不一定适合企业自身的特点，因此，企业需要建立自己的知识库，管理好知识。

在雇佣关系的新常态下，人才的流动性大已是不可避免的发展趋势，企业能做的就是人才可以流动，但知识不可以流失。华为大学的做法可供企业借鉴，它将传承文化、提升能力、萃取知识资产作为发展的重点。

6. 提高内部学习内容研发和授课能力

企业在从培训向学习的转型过程中，需要提高内部学习内容研发和授课能力。对于企业内部学习来说，学习的内容是难点，如何安排学习的重点以培养众多的专业人才是目前困扰企业的主要问题，并且这样的难题是外部学习难以解决的，需要企业结合自身的特点不断摸索创新，探索出一个适合自身发展的内部学习方法。

企业可以利用多种手段获取最前沿的知识，形成自己的知识库，培养高素质的讲师，并通过讲师来辅助员工学习，提高全体员工的业务能力，使学习部门和业务部门更好地配合，以促进企业的发展。

7. 学习管理部门需要业务骨干

学习，不仅能提高员工个人的素质，同时还能够促进企业的发展。然而，对于大多数企业来说，其学习部门并不能准确地抓住学习的痛点，以至于学习的内容与业务要求并不十分匹配。

因此，企业亟须引进骨干型的专业人才，提高学习管理的水平，促进学习内容与业务要求的有机融合。

8. 充分利用互联网产品实现泛在学习

互联网的发展使泛在学习无处不在，企业的学习就属于泛在学习，课堂培训、企业在线学习、师徒制、研讨会、案例分析、轮岗等都是企业学习的形式，同时企业也可以借助互联网提供的开放性平台进行在线学习，或者利用学习 App、微信、微博、QQ 群等进行学习。

例如，"一块"作为一款互动交互产品 App 将互联网技术与学习功能有机结合在一起，用户可以通过"一块"在线提问，并及时得到解答。

在移动互联网时代，善于利用互联网技术学习也是员工必备的技能之一。互联网快速地将世界各地的学习资源汇集到一起，并能根据用户的浏览记录为其推荐相关的信息，在节省时间的同时，又提高了学习效率。此外，互联网的发展也为缺乏资源的中小型企业的学习提供了便捷的途径。

　　无论企业对从培训到学习的跨越持何种态度，它都将是在雇佣关系新常态下企业的必然选择，也是行业发展不可逆转的趋势。从培训到学习的跨越能够完善企业的人力资源管理，为企业提供源源不断的专业人才，丰富企业的人才结构链。

　　在当今时代，企业必须尽自己最大的努力才能获得相应的回报，因此，在从培训到学习的跨越过程中，企业须投入大量的人力、物力和财力。而员工则须充分利用企业提供的良好学习环境，主动学习，提高自身的专业技能，从而获得更多的发展机会。员工需要明白，企业没有义务去为员工的成长负责，企业所扮演的角色是选拔者而非培训者，这也是未来的发展趋势。

第二节　互联网时代下企业领导力的创新打造

一、互联网时代的企业领导管理模式的显著变化

　　从近几年成功互联网企业的崛起，我们可以看到企业的组织形态已经发生了非常深刻的变化。这种变化已经从互联网企业蔓延到国内各类企业，它们体现在以下几个方面。

　　第一，从寻找人力资源到寻找最优秀的人才。过去，我们会招聘很多相对平凡的人从底层做起，带队伍是管理者非常重要的工作。而在互联网时代为了占领先机，适应敏捷研发、快速迭代的节奏，找最聪明的人、做出不同凡响的事成为组织建设的一个非常突出的变化。

　　第二，组织从不透明半透明到最大化的公开透明化。传统企业之所以不透明，大概有三个担心：一是财务透明而利益分享不均怕人心涣散；二是公司业绩透明怕不好的方面会影响军心；三是战略透明而太多人参政议政会影响执政。互联网时代的透明化恰恰是团结每一个体最重要的手段。

　　第三，从自上而下的金字塔结构变为扁平化、小分队结构。扁平化、少层级意味着信息的快速到达、快速反应与决策，从客户到决策者没有明显瓶颈；小分队意味着突破已有的固定组织形态和思维模式，在风险可控的情况下独立进行产品立项、试错、复盘和快速迭代，在企业内建立多元的创新分支。如果没有独立小分队的管理机制，没有基于一个想法在小团队内积极试错的开放系统，微信这个产品也许根本无法产生。

　　第四，从"1+0+0"的龙头式决策模式变为"1+1+1"的合伙人联盟模式。传统企业

强调的是"1+0+0"的龙头决策和整个团队的高效执行模式，它的效能在于打头的"1"，如果"1"错了，后面的"0"就变得无效。互联网时代则更像是"1+1+1……"的愿景驱动和团队成员的共同创造模式，每个人都是参与者和创造者，管理者所做的不再是管控和监督，而是激发和连接，不是把人磨平搓圆，把特立独行的人赶出组织，而是要找到这样的人并让他们的特别之处更为发光，管理者只是进行必要的风险管控并留住人才。所以，建立合伙人联盟成为互联网时代组织发展的新趋势，也是人力资源管理要应对的新课题。

从这四个变化可以看到，在互联网时代，"人"的重要性超过了以往任何时代，每一个体的价值也超过了以往任何时代，"以人为本"已经不再是一个口号，而成为企业生存和发展的核心原动力。

面对这样的变化，管理者该如何应对？如何才能吸引、团结并发挥好最优秀的人才？如何在扁平化、大量独立小组织间建立起协同和高效的模式？如何在开放透明的环境下激发自驱动力、取得高绩效？如何推动合伙人机制在企业中的实现？过去，以自上而下的多层级管理为核心的垂直领导力显然已经无法满足这样的需要，平行领导力应运而生，它将是互联网时代最重要的领导力转型方向。

二、平行领导力

平行领导力，就是在平等、非借助权力的状态下，用企业的愿景和价值观、个人的情商和性格魅力、良好的沟通协调等方式推动团队向前发展并有效完成既定目标的领导能力。相比垂直领导力，平行领导力不太依赖层级和权威，而更依赖领导者的感召力和凝聚力。

三、互联网时代领导者的素质培养

（一）领导者需要更多的创造性

在企业形成之初，也就是社会刚有企业这个组织的时候，它需要的是了解我们要做什么，也就是我们要从事什么行业、生产什么，是为了满足顾客的需求而存在；但是，随着企业的增多，它需要的不仅仅是做什么，而是要明白怎么做，也就是比别的企业如何高质、高效、高产，甚至是低价，从而吸引更多的顾客、产生更大的利润，也就是注重企业内在的过程管理和控制，这是企业价值链的第一次转移。后来，我们重视了人本管理，承认了人是最大的劳动源，重视了企业员工在企业内的满意度、满足感、成就感，也就是人与环境的关系。

但是，随着"互联网+"的兴起，我们发现企业的传统竞争优势观念又一次受到了颠覆，滴滴的兴起，让我们看到学习以往的经验、吸取以往的教训，从简单高效的管理和控制到人性化的管理，已经不能再满足企业的发展需求。

"互联网+"的概念兴起，让我们清楚地知道，过去的经验已经不能再被简单地学习，过去的理论都已经不能完全适用于现在，这是一个可以说是完全崭新的未来的开端。未来在变化中前进，一切都未可知，现在的企业很多都在摸着石头过河，有的沉没了，比如手机行业曾经的霸主——诺基亚，有的兴起了，如华为、苹果。分析它们的企业革新路程会发现，它们的共通点就是"创造性"和"改变能力"。创造性，就是开垦出一片拥有肥沃土壤的田地；而改变能力，就是能够清楚知道客户的感知，并改善这份体验，甚至有的时候，这个改变也会成为变革。

（二）领导者需要能打造"集体性"

经济环境的大变迁，已经从以往的"产品型导向"转向"服务型导向"。这就意味着，公司和客户之间已经从以往的"推、拉型"转到了"同在型"，这种关系模型的改变和多样化，需要领导者具有不同的管理思维和关系处理能力。同时，如何让全体员工也与客户"同在"，就需要领导者具有建立同化组织环境的能力，从感官感知到内外结合的全面构建组织环境，让员工融入企业信念中，完成工作场即道场的升华，在这里同呼吸共命运。

（三）领导者的心态需要开放

统观在先进的大变革中落后和被淘汰的企业，可以发现它们都死在了故步自封上，也就是领导者强烈的自我意识、固化行为模式、不能广泛开放包容地接纳新事物。企业在变革中必然会升级、转型，行业属性不是限制成功转型的关键，起决定因素的是领导者，如果需要创造性地带动公司转型升级，领导者必须能够接受新事物在自己的组织内自然呈现，一定要能够去观察、放下、接纳和转化，用行动来完成新的创造，也就是说，需要领导者有一个开放的心灵和开放的思维，领导者要善于引导或善于让他人引导所有的关键的利益相关者进行建设性对话，为企业提供一个创新的空间，让新想法、新产品、新模式得以被创造出来。

（四）领导者要学会激发他人

我们看到的成功人士，他的成功只是一个结果，但是达到这个结果的过程是千万种的。过程是达到结果的路径，不具有唯一性，但是有一点却是唯一的，就是对目标的坚定不移性，过程中不断出现的新事物都不是干扰，而是帮助他更加坚定目标的佐证和完善达到目标方法的帮助。

一个人的成功依靠的是自己的坚持和不断完善，而一个企业的成功却需要许多人的共同努力。如何通过领导的领导力将他人的自主意识激发出来，进而增强他人的发展能力，同时尽可能将所有的员工的个人意识与公司的集体意识进行结合，发展公司的同时让每位员工找到自己的共鸣和定位，这就成了领导者要思考和解决的问题：如何形成领导者自己的场效应去影响大家，并且让他人展现出自己的风采而不是自己的简单追随者。

四、难点和解决方式

相比垂直领导力的一以贯之和高效执行，具备平行领导力的领导者也存在它的挑战，比如，当团队中自驱动力强和自驱动力弱的人在一起，如何保证自驱动力弱的人也能产生高绩效？当个体的独立思想过多，每个人都想去实现自己的价值，如何保证公司整体的价值和目标的实现？当指挥中心过多，如何保证企业整体方向？如何选择真正适合做合伙人的合伙人联盟？

面对这些挑战，发展平行领导力的领导者往往还需要具备足够的远见，创造良好的文化体验，并且能够有效地运用互联网思维去优化管理工具。

（一）远见

在平行领导力下，领导的作用远大于管理的作用，对人的影响力远大于对事的管控力，因此，只有具备足够远见的领导者推行平行领导力才足以团结优秀的人，使他们围绕在身边，并且为他的梦想所驱使，把自己的梦想统统装到里面。

（二）创造体验

对于在互联网时代如何吸引人才，"今日头条"的张一鸣说，除了福利和期权，还有愿景和体验。能够创造良好的文化，提供良好的文化体验，员工自然愿意在这样的公司长期发展下去。

（三）用互联网思维发展管理工具

发展平行领导力更强调领导的作用，但并不意味着不要管理，而是要升级管理工具，让管理更匹配扁平化、网状式的组织架构，比如管理透明化，将每个人的目标和进度通过

IT 系统或特定的看板可视化、公开化，从而产生团队的压力和自我管理的力量。管理游戏化，在目标实现上设置闯关游戏，并邀请他人帮助闯关，提供协同支持、资源支持、设置啦啦队支持，等等；或者建立团队间的竞赛，以游戏的方式建立竞赛规则，在竞赛中建立自驱动力。管理互动化，腾讯学院就用产品经理的思维来做培训，让员工充分参与到培训课程的制作中，让员工自己设计、自己演课程，并对课程结果进行点评和排序。

第三节　互联网时代人力资源管理模式发展与创新

一、网络时代的人力资源与传统人事管理的比较

（一）概念上的差异

传统的人事管理，也就是计划经济体制下的人事管理，是一种以政府及其所属的劳动人事部门为核心，由政府统一配置人才，地方、企业与个人属于服从和被动角色的人事管理制度。这种人事管理是相对稳定的，与计划经济体制相适应。这种管理模式曾有利于中央和地方政府集中有限的人力、财力建设社会主义的物质基础和技术基础，对国民经济的恢复发挥了积极作用。但这一模式的管理过程强调事而忽视人，人的调进调出被当作管理活动的中心内容；管理过程受政治影响较大；强调听从安排，否定个人的需要和个性，扼杀了劳动者的积极性和创造性，极大地束缚了生产力。随着市场经济的发展，其弊端更加突出，于是，现代人力资源管理的发展与流行便顺理成章。

网络时代的人力资源管理更加重视整个社会人力资源的供需平衡和协调发展，是一种有关资源配置的战略管理活动。网络时代的人力资源管理部门积极与其他部门相协调，共同为企业创造效益。它强调以人为中心，除了具备传统人事管理的内容外，还具有进行工作设计、规划工作流程、协调工作关系等职能。与传统的人事管理相比，现代的人力资源管理是一种更深入、更全面的新型管理形式。

（二）招聘方式的差异

由于传统的人事管理基本上是一种业务管理，其人事的重大决策权集中在政府行政部门，所以，企业在员工招聘方面没有完全的自主权。传统的人事管理仅在需要时发挥作用，因而只是在企业人手不够时补充员工，所以招聘工作主要着力于企业当前的需要。

网络时代的人力资源管理招聘是利用计算机网络进行的，企业可以在网上公布招聘信息，并在线浏览求职者的信息。互联网使人才需求信息成为公开的消息，企业的招聘人员可以在不离开办公室的情况下，广泛开展人才搜索。计算机网络招聘主要包括吸引人才、分析人才、联系人才以及最后达成协议等几个环节。这些环节是通过网上信息发布、网上人才测评与分类、在线联系或电子邮件，并利用人才招聘的一些管理软件处理相关事宜等手段来完成的。计算机网络招聘利用互联网交互性和实时性的特点，不受时间、地域的限制，向任何一台计算机终端的应聘者发出招聘信息，应聘者也可以随时随地与招聘企业联系，获取需要的最新信息。

许多大型企业、跨国公司已把网上招聘作为其招聘员工的主要形式。

"到网上找工作"已成为全国大部分高校校园的流行语。上网求职比传统的招聘会求职、递交自荐信的方式好得多，它不仅查询方便，信息量大，选择面广，不受时间地点限制，而且还可以节省费用，提高了求职效率。

（三）培训方式的差异

传统的培训因时间和地点的限制，一般都是选定某一段时间，把员工集中到室内或室外进行，这将耗费大量的人力、物力和财力。此外，一个培训师一次可以指导的学员数量是有限的，同样的培训课程每一次都要重新准备，所以，传统的培训方式存在效率较低的缺陷。当然，集中授课的培训方式也有一定的优越性：这种互动式的学习可以让培训师发现学员是否需要更多的帮助。此外，这种培训方式可以使参加者的精力集中在培训课程上。

网络时代的企业培训打破了传统培训的时空限制，各地的员工可以利用计算机网络，在本地接受异地培训。企业将培训内容发布在企业内部网站上。员工可以根据自己的需要，不受时间、地点的限制，在互联网上寻找适合自己的培训内容进行自主学习，以拓展知识与技能的深度和广度。员工之间可以进行在线探讨、交流，企业还可以提供在线疑难解答。这样使企业和员工都可以及时得到培训绩效的反馈，有利于企业及时改进培训内容和目标。但是，网络培训的自助式课程往往会被工作打断，并且网络培训要求组织建立良好的网络培训系统，而这需要大量的资金，中小企业受资金限制，往往无法花费资金购买相应的培训设备和技术。

二、人力资源在网络经济中的作用与影响

（一）人力资源是网络经济增长的重要源泉之一

经济增长是指国内生产总值在总量上的扩张。为了清楚地反映出每一要素在经济增长

中的贡献水平，经济学家们建立了经济增长模型，在这一模型中，一般采用三个要素，即资本、劳动力和技术进步。这实质上是人力资源不同侧面的表现，其量的多少、质的高低取决于人力资源数量的多少及素质的高低。人力资源的素质高低决定了企业产品的质量优劣和劳动生产力的素质高低，以及投入与产出的比例。在网络经济时代，企业的成败取决于对人的管理，学会求才、用才、知才、育才，是每个成功企业管理者的必备素质。

（二）人力资源是网络经济结构优化的决定因素

经济发展既表现为经济的增长，也表现为经济结构的优化。经济结构是否优化，是衡量经济发展与否的重要因素。我们在分析一个国家经济结构是否优化时会发现，经济结构是否优化不只取决于该国自然资源的禀赋，更取决于人力资源结构是否优化。人力资源结构的优化不仅表现为静态的人力资源结构能与经济结构保持协调一致和相对平衡，而且表现为动态的人力资源结构能与经济发展所需的经济结构相适应。经济结构的调整往往是从调整人力资源结构开始的，采取的手段又大多是强烈的市场化手段，即政府调整经济结构时，先指明经济结构运行的方向，引导具有相关素质的劳动者首先进入这一经济部门，并获取相应的高收入，从而强制或诱导其他劳动者转岗改行，接受新经济部门的素质培训，向这一经济部门配置相应的人力资源，直至人力资源处于饱和状态，经济结构得到有效调整。

（三）人力资源是网络经济下企业的兴盛之本

任何企业都拥有三种基本资源，即物力资源、财力资源和人力资源。对于企业来说，物力资源和财力资源是企业的有形资源，是衡量企业的重要尺度，但二者都相对有限；而人力资源正好与之相反，它是一种无形资源，具有相对无限性，是可再生资源。企业可以通过教育、培训和开发等活动提高人力资源的品质，增加人力资源的数量，用人力资源代替非人力资源，从而减轻企业发展过程中非人力资源稀缺的压力。同时，企业为提高产品质量、降低成本和在市场上占据优势，纷纷改进工艺，运用先进机器设备，而这些又需要高素质的人力资源来完成。所以，人力资源开发的好坏，在很大程度上决定了企业的兴衰。

三、网络对人力资源开发与管理的影响

（一）网络对人力资源组织的影响

在传统的金字塔式组织结构中，强调命令、控制以及清晰地描述员工的任务，因此，

组织对员工的期望是明确的，员工的晋升路线也是垂直的。晋升意味着责任的增加、地位的提高和更高的报酬，人力资源管理的全部信息都集中在组织的最高管理层。

网络时代，由于信息沟通及处理的便捷性，公司的管理层次将大大减少，所以，扁平式、矩阵式、网络状的结构将变成多数公司的组织架构模式。项目管理小组和在线合作将成为工作中最常见，也最有效的一种方式。组织将鼓励员工扩大自己的工作内容，提高员工的通用性和灵活性。

（二）网络对人力资源管理各职能的影响

1. 网络对绩效评估的影响

网络将遥远的距离拉近，主管可以很快看到来自各地的每个下属定期递交的工作反馈。员工考核及述职也可以在网络中实现。员工的工作地点已经不是很重要了，只要具备工作条件，他只须按计划去完成工作就可以了，员工的满意度将大大提高。

在线评估系统实时录入公司所有员工的评估资料，其强大的后台处理功能将出具各种分析报告，为公司的管理改进提供及时的依据。对于评估结果，系统自动根据权重改进评分进行统计，并将结果与薪酬以及人才培养计划挂钩。

2. 网络对员工培训的影响

网络时代，员工培训的形式更加多样化，已经不再是简单的"我说你听"。网络资源极其丰富，鼓励员工充分利用网络资源进行岗位培训，成为许多公司的一个培训方向。通过网络的形式进行员工培训，企业不单可以提高效率，更可以节约成本。企业的人才培训可以请专家来公司讲课，也可以让员工脱产外出学习，但这两种方法都是小范围的，而且费用较高，因此，仅适用于公司高层人员；对于基层人员的培训，因人员较多，如仍采用上述方法，相应的费用较高，但以网络为基础的虚拟学习中心可以大大节约费用。通过开发远程教育系统，人力资源部门可以选择最好的、性价比最高的培训公司实施培训。

四、网络化人力资源实践

人力资源管理职能在下面几个领域可以采用网络化管理方式。

（一）网络化招聘

与传统的招聘方式相比，网络化招聘的优势十分明显，其优势集中表现在以下几方面。

1. 扩大了招聘范围。互联网的全球性、交互性、实时性的特点，使企业有可能在世界上任何一台计算机终端上找到其潜在的合格人选。

2. 增强了招聘信息的时效性。企业可以全天候地向潜在的应聘者发出招聘信息，而应聘者也可以随时随地与招聘企业联系；同时，企业可以根据需要及时更新招聘岗位，传递最新信息。

3. 降低了招聘成本。网络化招聘不受时间、地域、场所等条件的限制，供需双方足不出户即可进行直接交流。这样既可以节约传统招聘活动中的各项开支，又可以节省人力资源管理部门的精力和时间，企业还不必向"猎头公司"等中介组织支付高昂的服务费用。

（二）网络化沟通

网络使企业的信息沟通更为快捷、广泛、有效，企业内部的信息交流、情感融合也更为通畅。组织可以在内部网上贴出各个方面的情况介绍，还可以建立员工的个人主页，开设论坛、聊天室、建议区、公告区以及企业各管理层的公共邮箱。

网络化沟通方式有助于克服人际沟通过程中的一些人为障碍，使企业的上行、下行及横向沟通更为顺畅，为企业员工参与管理、反映问题、发表评论和提出建议提供了更为方便的渠道和途径。这样的沟通方式有利于企业良好心理氛围的建立，有利于员工创造性、自主性、责任感以及自我意识的提高，有利于员工工作生活质量的提高。

（三）网络化绩效考核

网络化绩效考核在一定程度上可以克服人际知觉和判断上的偏差。它可以远距离进行工作实绩和工作情况的客观评价，避免了人与人之间的心理影响，减少了考核中的主观因素，这对建立规范化和定量化的员工绩效评价体系，以代替以经验判断为主体的绩效考评手段有很大的作用，能使员工绩效考评更为公正、合理、科学。

五、互联网时代企业战略性人力资源管理模式

（一）加强人力资源管理机制的创新

互联网时代背景下，企业必须创新人力资源管理机制，迎合互联网时代对企业人力资源管理提出的要求，优化人力资源管理模式，做到因岗设人，运用互联网思维来解决人力资源管理过程中的问题。互联网时代，人们的思维方式发生了很大改变，很多工作也可以

通过互联网来解决，对此，要建立科学化的体系，为完善人力资源管理提供基础，确保管理的科学化与精细化。例如，员工很关心的绩效考核，就属于人力资源管理中的重要内容，绩效考核结果直接关系到员工的福利待遇，所以，要制定更合理、更具有激励性的绩效考核方式，要充分考虑到员工的发展情况，结合多种考核与激励模式，激发员工的积极性和主动性。比如在员工薪酬的设置上体现出差异性和激励性，将绩效考核与员工的薪酬比例设置结合起来，能够有效地提高员工对绩效考核工作的积极性与参与性。

（二）开展网络化招聘培训

招聘与培训都是企业人力资源管理的重要内容，随着企业不断壮大，企业需要的人才也越来越多，招聘工作是获取人才的一个重要途径。如今，很多企业都想要综合化、高素质人才，互联网时代的发展，让招聘过程也变得越来越便捷，企业可以采用网络化智能化招聘手段，提高招聘效率，比如利用电话招聘、视频招聘等，可以初步选定人才，再通过后续的沟通，加快招聘进程，及时留住人才。另外，企业还必须考虑到如何让员工"留下来"的问题，为员工营造愉悦的工作氛围，提供培训课程，让员工在工作之后也能不断学习，提升自己的能力水平，在一个具有活力的集体中不断成长，在企业找到归属感和集体感。互联网给员工培训工作提供了很好的渠道，企业可以利用网络化课程对员工进行培训教育，不占用日常工作时间，员工也可以根据自己的时间来安排学习，极大地调动了员工继续学习的积极性。

（三）加强企业文化建设

企业文化是影响企业发展的一个软实力因素，在互联网时代背景下，企业必须建立具有特色的企业文化，用企业文化来感染员工，让员工对企业保持忠诚度。比如，针对当前一些员工团队意识淡薄的现象，可以加强企业团建力度，提升企业凝聚力和影响力，将员工凝聚起来，让员工意识到团队协作的重要性，并且能够利用企业文化所形成的约束作用，对员工的行为进行约束和引导，让员工对团队的认识更深刻，从侧面不断提高企业人力资源管理水平。

综上所述，人力资源管理对于企业的可持续发展和经济水平的提高都有十分重要的作用。从当前的时代发展趋势来看，随着互联网时代的到来，企业管理者要顺应时代发展趋势，运用互联网思维，加强对人力资源管理创新工作的重视，借助互联网平台开展人力资源管理，激发员工的创新意识，从而更好地发挥企业人力资源的作用。

参考文献

[1] 张洪峰 . 现代人力资源管理模式与创新研究 [M] . 延吉：延边大学出版社，2022.

[2] 张立恒 . 创新视角下的企业管理与运营 [M] . 长春：吉林出版集团股份有限公司，2022.

[3] 刘怡，乔岳 . 创新创业新思维 [M] . 济南：山东教育出版社，2022.

[4] 黄学焦，李宁，汪慧 . 唤醒提升员工和团队动力与绩效的教练指南 [M] . 北京：机械工业出版社，2022.

[5] 颜明健 . 新时代管理学 [M] . 厦门：厦门大学出版社，2022.

[6] 肖琳 . 人力资源管理综合实训教程 [M] . 沈阳：东北财经大学出版社，2021.

[7] 徐刚 . 人力资源数字化转型行动指南 [M] . 北京：机械工业出版社，2021.

[8] 何荣宣 . 现代企业管理 [M] . 2 版 . 北京：北京理工大学出版社，2021.

[9] 王世秋 . 企业经营管理理论 [M] . 长春：吉林人民出版社，2021.

[10] 张耿城 . 混合所有制企业绩效管理 [M] . 北京：冶金工业出版社，2021.

[11] 周禹 . 组织系统与人力资本战略升级 [M] . 北京：中国商务出版社，2021.

[12] 温晶媛，李娟，周苑 . 人力资源管理及企业创新研究 [M] . 长春：吉林人民出版社，2020.

[13] 杨宗岳，吴明春 . 人力资源管理必备制度与表格典范 [M] . 北京：企业管理出版社，2020.

[14] 诸葛剑平 . 人力资源管理 [M] . 杭州：浙江工商大学出版社，2020.

[15] 傅航 . 基于创新视角下人力资源管理的多维探索 [M] . 北京：北京工业大学出版社，2020.

[16] 康芳，马婧，易善秋 . 现代管理创新与企业经济发展 [M] . 长春：吉林出版集团股份有限公司，2020.

[17] 刘翔宇 . 动态环境下人力资源柔性能力的形成及作用机制研究 [M] . 北京：知识产权出版社，2020.

[18] 滕兴乐 . 中小企业管理创新研究 [M] . 长春：吉林人民出版社，2020.

[19] 周艳丽，谢启，丁功慈 . 企业管理与人力资源战略研究 [M] . 长春：吉林人民出

版社，2019.

[20] 闫培林 . 人力资源管理模式的发展与创新研究［M］. 南昌：江西高校出版社，
2019.

[21] 李娟 . 人力资源服务产业与企业管理［M］. 长春：吉林出版集团有限责任公司，
2019.

[22] 蒋俊凯，李景刚 . 现代高绩效人力资源管理研究［M］. 北京：中国商务出版社，
2019.

[23] 吴玥 . 知识经济时代下企业人力资源管理［M］. 上海：同济大学出版社，2019.

[24] 谢科范，袁明鹏，彭华涛 . 企业风险管理［M］. 武汉：武汉理工大学出版社，
2019.

[25] 李雪 . 现代企业管理创新与实践探究［M］. 长春：吉林人民出版社，2019.

[26] 张哲彰 . 创新创业管理案例汇编［M］. 武汉：华中科技大学出版社，2019.

[27] 王雅姝 . 大数据背景下的企业管理创新与实践［M］. 北京：九州出版社，2019.

[28] 宁凌，唐楚生 . 现代企业管理：第2版［M］. 北京：机械工业出版社，2019.

[29] 杨爱华，梁朝辉，吴小林 . 企业管理概论［M］. 成都：电子科技大学出版社，
2019.

[30] 郭懿 . 现代企业管理实务［M］. 天津：天津大学出版社，2019.

[31] 黄顺春 . 现代企业管理教程［M］. 上海：上海财经大学出版社，2019.

[32] 袁庆林 . 人力资源管理新探组织和主管支持感与员工忠诚度互动影响关系［M］.
北京：中国时代经济出版社，2019.

[33] 马艳秋，陈超，李克平 . 金融环境与企业管理研究［M］. 北京：经济日报出版社，
2019.

[34] 熊淑萍 . 基于积极组织行为学的心理资本与企业人力资源管理创新研究［M］. 北
京：北京工业大学出版社，2018.

[35] 王凯霞 . 大数据时代企业人力资源管理模式构建与机制创新研究［M］. 北京：北
京工业大学出版社，2018.

[36] 林忠，金延平 . 人力资源管理：第5版［M］. 沈阳：东北财经大学出版社，2018.

[37] 刘娜欣 . 人力资源管理［M］. 北京：北京理工大学出版社，2018.

[38] 刘倬 . 人力资源管理［M］. 沈阳：辽宁大学出版社，2018.

[39] 汪昕宇 . 人力资源管理理论创新与实践［M］. 北京：中央民族大学出版社，2018.

[40] 张成强 . HR人力资源管理从助理到总监［M］. 北京：中国法制出版社，2018.